Das bietet Ihnen die CD-ROM

Checklisten und Formulare

Mit Hilfe zahlreicher Checklisten können Sie den Ablauf wichtiger Personalprozesse überprüfen, wie z. B. das Einstellungsverfahren. Zudem erleichtern Ihnen nützliche Formulare, wie z. B. der Personalfragebogen und die Elternzeitvereinbarung Ihre Arbeit.

Arbeitsverträge und Musterschreiben

Die CD-ROM enthält neben Vertragsmustern viele weitere Musterschreiben wie z. B. Abmahnungen, die Sie in Ihre Textverarbeitung übernehmen, dann anpassen, ausdrucken und speichern können.

Gesetze

Eine Auswahl der wichtigsten Gesetze für Ihre Personalarbeit finden Sie ebenfalls auf der CD-ROM.

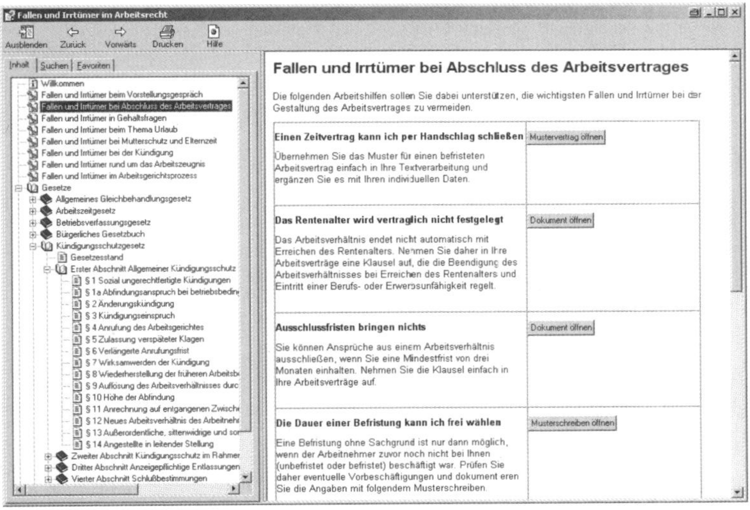

Bibliographische Information Der Deutschen Bibliothek

Die Deutsche Bibliothek verzeichnet diese Publikation in der Deutschen Nationalbibliographie; detaillierte bibliographische Daten sind im Internet über http://dnb.ddb.de abrufbar.

ISBN 3-448-07511-6
ab 1.1.2007: 978-3-448-07511-3

Bestell-Nr. E04269

Niederlassung München
Redaktionsanschrift: Postfach, 82142 Planegg
Hausanschrift: Fraunhoferstraße 5, 82152 Planegg
Telefon: (089) 895 17-0,
Telefax: (089) 895 17-290
www.haufe.de
online@haufe.de
Lektorat: Ulrich Leinz

Redaktion und DTP: Ass. jur. Claudia Wanzke, München
Umschlag: HERMANNKIENLE, Stuttgart
Druck: Bosch-Druck GmbH, 84030 Ergolding

Zur Herstellung dieses Buches wurde alterungsbeständiges Papier verwendet

Fallen und Irrtümer im Arbeitsrecht

Von der Einstellung bis zur Kündigung

Dr. Stephanie Kaufmann
Rechtsanwältin

Haufe Mediengruppe
Freiburg · Berlin · München · Würzburg

Inhalt

Fallen und Irrtümer in Gehaltsfragen

Fallen und Irrtümer beim Thema Urlaub

Fallen und Irrtümer bei Mutterschutz und Elternzeit

Fallen und Irrtümer bei der Kündigung

Fallen und Irrtümer rund um das Arbeitszeugnis

Fallen und Irrtümer im Arbeitsgerichtsprozess

Fallen und Irrtümer beim Vorstellungsgespräch

1 Stellenausschreibung – Ich schreibe einfach, was ich suche

Ganz so einfach ist es leider nicht mehr. Gerade bei der Formulierung einer Stellenanzeige sind die Vorschriften des Allgemeinen Gleichbehandlungsgesetzes (AGG) zu beachten. Eine Stellenausschreibung muss also unbedingt diskriminierungsfrei sein. Eine unüberlegte Formulierung kann für Sie als Arbeitgeber durchaus gravierende Folgen haben.

Beispiel: Personalleiter gesucht

Die Spedition Maier sucht einen Personalleiter mit mindestens zehnjähriger Berufserfahrung – so steht es in der Anzeige. Der Geschäftsführer verzichtet bewusst darauf, die Anzeige auch an interessierte Personalleiterinnen zu richten. Er meint, den Umgang mit den „harten Burschen vom LKW" kann man einer Frau nicht zumuten.

1.1 Diskriminieren verboten

Mit dieser Anzeige verstößt der Spediteur gegen §§ 11, 7 Abs. 1 AGG, da eine Stelle u.a. nicht geschlechtsspezifisch ausgeschrieben werden darf. Die Stellenbeschreibung darf weder unmittelbar noch mittelbar an ein Benachteiligungsmerkmal des § 1 AGG anknüpfen. Sie darf also nicht aus Gründen des/der

- Geschlechts,
- Rasse,
- ethnischen Herkunft,
- Religion oder Weltanschauung,
- Behinderung,
- Alters,
- oder sexuellen Identität

einen Bewerber, der sich auf eine Stelle bewirbt, diskriminieren. Mit einer diskriminierenden Stellenanzeige können Bewerber Schadenersatzansprüche gegen Sie geltend machen. In welcher Größenordnung sich diese Ansprüche bewegen werden, werden die Gerichte in Zukunft noch festlegen müssen. Bislang fehlt es an einschlägiger Rechtsprechung, da das Allgemeine Gleichbehandlungsgesetz ein sehr junges Gesetz ist.

Achtung:
Auch die innerbetriebliche Ausschreibung, auf die sich bereits beschäftigte Arbeitnehmer bewerben können, wird von § 11 AGG erfasst, so dass nicht nur Bewerber, sondern auch bereits beschäftigte Arbeitnehmer im Falle des Verstoßes Ansprüche stellen können.

Was versteht man zunächst unter einer Stellenausschreibung? Dazu zählt jede Bekanntgabe, dass ein Arbeitsverhältnis begründet werden soll. Das gewählte Medium ist hierbei irrelevant:

- Stellenanzeige in einer Zeitung,
- Stellenanzeige im Internet,
- innerbetriebliche Ausschreibung gemäß § 93 Betriebsverfassungsgesetz (BetrVG),
- Mitteilung am Schwarzen Brett oder Intranet,
- Mitteilung an die Agentur für Arbeit,
- Mitteilung an eine Personalberatungsfirma.

Achtung:
Wenn Sie gezielt eine einzelne Person auffordern, sich in Ihrem Betrieb zu bewerben, handelt es sich nicht um eine Stellenausschreibung.

Nicht jede Stellenausschreibung, die nicht geschlechtsneutral formuliert ist, stellt jedoch eine Benachteiligung dar. Das AGG sieht durchaus einige Fälle vor, in denen es gerechtfertigt sein kann, geschlechtsspezifisch vorzugehen (§§ 5, 8 bis 10 AGG). So kann z. B. eine Werbeagentur, die für eine Kampagne nur männliche Modells sucht, dies in der Stellenausschreibung auch zum Ausdruck bringen, ohne dass sie sich eine Diskriminierung vorwerfen lassen muss.

Beispiele: Geschlechtsneutrale Ausschreibungen

Gegen das Verbot geschlechtsneutraler Ausschreibung verstoßen z. B. diese Ausschreibungen. Prüfen Sie, ob Ihre Formulierung so oder ähnlich klingt!

- Sekretärin
- Assistent des Vorstandes
- Jurist
- Schlosser
- Vertriebsmitarbeiter
- Die X-GmbH sucht „Filialleiterin" mit abgeschlossener kaufmännischer Ausbildung, wenn möglich aus der Textilbranche.
- Das K-Krankenhaus sucht „erfahrene Arzthelferin/OP-Schwester" und „examinierte Krankenschwester/examinierte Altenpflegerin".
- Der sozialpädagogische Verein sucht „sozialpädagogisch/ diplompädagogischen" Heimerzieher.
- Die Rechtsanwaltskanzlei sucht „Zwei Rechtsanwaltsgehilfinnen als Vollzeitkräfte zur professionellen Unterstützung ihres Rechtsanwaltsteams".
- Die Rechtsanwaltskanzlei sucht „Volljuristin, auch Berufsanfängerin".
- Die Rechtsanwaltskanzlei sucht einen „jungen Rechtsanwalt", der mit Engagement und Sorgfalt bei der Beratung und Vertretung anspruchsvoller Mandanten aus dem In- und Ausland tätig wird.
- Die X-GmbH sucht eine „Assistentin" des Personalleiters.
- Die A-GmbH sucht für ihren Vertrieb „eine versierte Assistentin der Vertriebsabteilung".
- Der Verein der Sozialfürsorge sucht einen „Sozialarbeiter".
- Der Computerhersteller sucht für den Bereich kaufmännische Verwaltung eine „Buchhalterin".
- Die X-GmbH sucht einen „Facharbeiter mit abgeschlossener Maschinenschlosser- bzw. Werkzeugmacherausbildung".
- Die K-GmbH sucht eine „Sekretärin" und teilt auf Nachfrage mit, dass die Stelle weiblichen Mitarbeitern vorbehalten sei.

Die Stadt M schreibt die Stelle für eine „Gleichstellungsbeauftragte" aus.

1.2 Meine Tipps

Tipp 1: Geschlechtsneutrale Bezeichnungen wählen

Stellenausschreibungen müssen geschlechtsneutral sein, soweit nicht ausnahmsweise an ein Geschlecht angeknüpft werden darf. Wählen Sie daher geschlechtsunabhängige Bezeichnungen für Ihre Anzeigen wie z. B.:

- Abteilungsleitung,
- Pflegekraft,
- Sachbearbeitung usw.

Tipp 2: Auf beide Geschlechter hinweisen

Darüber hinaus können Sie in der Ausschreibung beide geschlechtliche Formen vorsehen:

- Sachbearbeiter/in,
- Jurist/in,
- Sekretär/in,
- Assistent/in
- Verkaufsmitarbeiter/in.

Ist dies sprachlich in Ausnahmefällen nicht oder nur unter „Vergewaltigung" der deutschen Sprache möglich, sollten Sie wie folgt zum Ausdruck zu bringen, dass die Ausschreibung für beide Geschlechter gilt: Vorstand (männl./weibl.).

Tipp 3: Konsequent neutral bleiben

Achten Sie darauf, dass die Merkmale, die eine Stellenbeschreibung nicht enthalten darf, durchgängig unterbleiben. Obwohl schon seit vielen Jahren die Pflicht zur geschlechtsneutralen Stellenausschreibung besteht, lassen sich in der Praxis noch heute solche Fehler recht häufig feststellen. So könnte die X-GmbH beispielsweise folgende Stellenanzeige schalten: „Gesucht wird Sekretär/in für die Geschäftsführung. *Sie* sollte über sichere Kenntnisse in Word Office verfügen, flexibel und belastbar sein. Auch Wiedereinsteiger/innen werden gerne genommen." Nicht selten ist die Überschrift oder die

Stellenbeschreibung noch geschlechtsneutral, der weitere Text jedoch nicht.
Ich empfehle Ihnen daher, nach der Stellenbeschreibung nicht in Anspracheform fortzufahren. Beispiel: „Die X-GmbH sucht Sekretär/in für die Geschäftsleitung. Wir erwarten: ....

1.3 Arbeitshilfen auf der CD-ROM

Ein Arbeitplatz darf nicht unter Verstoß gegen das Allgemeine Gleichbehandlungsgesetz (AGG) ausgeschrieben werden. Mit Hilfe der Checkliste „Stellenausschreibungen neutral formulieren“ auf Ihrer CD-ROM prüfen Sie, ob Ihre Stellenausschreibung den gesetzlichen Anforderungen entspricht.

Checkliste „Stellenausschreibungen neutral formulieren"		
Die Stellenbeschreibung ...	ja	nein
• enthält weder unmittelbar noch mittelbar ein Benachteiligungsmerkmal des § 1 AGG. • ist geschlechtsneutral. Es wurden geschlechtsunabhängige Bezeichnungen wie z. B. Abteilungsleitung, Pflegekraft, Sachbearbeitung gewählt oder beide geschlechtliche Formen wie z.B. Sachbearbeiter/in, Vorstand (männl./weibl.) benannt. • enthält keine Diskriminierung wegen der Rasse. In der Praxis wird dies selten vorkommen, da Rassisten sich in der Regel nicht so offen zu ihren Auffassungen bekennen. • knüpft nicht an die ethnische Herkunft oder an Tatschen an, die mit der ethnischen Herkunft in untrennbarem Zusammenhang stehen. (Beispiel: Es wird ein „deutschstämmiger Mitarbeiter gesucht.) • knüpft an Religion und Weltanschauung an, die unterschiedliche Behandlung ist jedoch ausnahmsweise gestattet. (Beispiel: Ein katholisches Krankenhaus darf eine/n katholische/n Ärztin/Arzt suchen. Ein Kaufhaus darf aber nicht eine „christliche Verkäuferin" suchen, um muslimische Kopftuchträgerinnen auszuschließen.)		

• knüpft nicht an eine Behinderung an. (Beispiel: „körperlich fit", „körperlich uneingeschränkt leistungsfähige" oder „geistig beweglich") • knüpft nicht ohne einen Rechtfertigungsgrund an das Alter an (Beispiel: „junge, leistungsfähige Teilzeitkraft", „Bewerber, die sich in ein junges, dynamisches Team einpassen" usw.). Gerechtfertigt ist das Anknüpfen an das Alter dann, wenn die Ungleichbehandlung objektiv und angemessen ist und ein legitimes Ziel verfolgt. • knüpft nicht, ohne dass ein Grund für die rechtmäßige Ungleichbehandlung vorliegt, an die sexuelle Identität anknüpft (Beispiel: „Fitnessstudio sucht heterosexuelle Trainer/innen"). • Die Merkmale, die eine Stellenbeschreibung nicht enthalten darf, unterbleiben durchgängig (Beispiel: Der gesamte Text berücksichtigt, dass sich die Stellenausschreibung an Sachbearbeiterinnen und Sachbearbeiter richtet.). • Ein externer Dritter (Personalberater, Agentur für Arbeit usw.) wurde mit der Durchführung des Auswahlverfahrens beauftragt. Die Durchführung der Ausschreibung wird überwacht.		

2 „Sind Sie schwanger?"

Dass es sich hierbei um eine „verbotene" Frage handelt, ist inzwischen jedem Arbeitgeber bekannt. Aber wie verhält es sich mit den heiklen Fällen, in denen Sie als Arbeitgeber einen Arbeitsplatz anbieten, von dem Gefahren für eine Schwangere und/oder das Kind ausgehen? Unterliegen Sie hierbei nicht einer besonderen Fürsorgepflicht? Sind Sie in diesem Fall nicht sogar verpflichtet, die Frage nach der Schwangerschaft stellen?

Beispiel: Laborarbeit ist für Schwangere verboten

Im Labor der Maier GmbH werden infektiöse Materialien untersucht. Für Schwangere ist diese Arbeit von Haus aus verboten. Der Geschäftsführer sucht einen weiteren Mitarbeiter oder eine Mitarbeiterin für sein Labor. Im Vorstellungsgespräch fragt er eine Bewerberin deshalb nach einer bestehenden Schwangerschaft. Er geht davon aus, dass dies in seiner besonderen Situation erlaubt ist und die Bewerberin ihm wahrheitsgemäß antworten muss.

Die Frage nach einer Schwangerschaft ist in jedem Fall unzulässig. Das gilt auch dann, wenn am Arbeitsplatz Gefahren für Mutter und/oder Kind bestehen und die Arbeitnehmerin ihre Arbeit frühestens nach der Mutterschutzfrist aufnehmen kann. Selbst wenn Ihnen diese Frage aus Fürsorgegründen unter den Nägeln brennt, dürfen Sie sie nicht stellen. Wenn Sie es trotzdem tun, darf die Bewerberin Sie anlügen. Dies hätte keinerlei rechtliche Konsequenzen für sie. Somit unterliegen Sie als Arbeitgeber einem besonderen Risiko. Auch mit ausweichenden Fragen, die in diese Richtung zielen, kommen Sie nicht weiter, wie das folgende Beispiel zeigt.

Beispiel: Stichwort „Familienplanung"

Der Geschäftsführer der Maier GmbH kennt die Problematik und verkneift sich die Frage nach der Schwangerschaft. Statt dessen erhofft er sich eine aufschlussreiche Reaktion der Bewerberin auf seine Frage nach der Familienplanung.

Die Frage nach der Familienplanung darf ebenso wenig gestellt werden. Auch hier kann die Bewerberin lügen, ohne das dies rechtliche Konsequenzen für sie haben wird.

Achtung:

Die Rechtsprechung stellt grundsätzlich den Schutz der Persönlichkeit des Bewerbers über das Informationsbedürfnis des Arbeitgebers. Zulässig sind nur Fragen, an denen der Arbeitgeber ein berechtigtes, billiges und schutzwürdiges Interesse hat. Das Bundesarbeitsgericht (BAG) ging von einem solchen Interesse zunächst aus, wenn am Arbeitsplatz eine Gefahr für Mutter und Kind besteht. Der Europäische Gerichtshof (EuGH) räumt aber auch im Falle eines solchen sofortigen Beschäftigungsverbots kein Fragerecht ein. Eine Schwangerschaft sei ein vorrübergehender Zustand, welcher das Arbeitsverhältnis nicht dauerhaft stört. Der EuGH geht sogar noch einen Schritt weiter: Das Verschweigen einer Schwangerschaft soll auch bei erwiesener Missbrauchsabsicht der Bewerberin zulässig sein.

Eine Diskriminierung sollte auf jeden Fall vermieden werden – selbst dann, wenn eine Bewerberin die Lücken des Systems bewusst ausnutzt.

2.1 Lügen wird nicht bestraft

Wenn Sie trotzdem fragen und angelogen werden, hat das keine rechtlichen Folgen. Sie können also den Arbeitsvertrag nicht anfechten. Stattdessen haben Sie eine Mitarbeiterin eingestellt, die Sie bezahlen müssen, aber nicht einsetzen können, da für die Dauer der Schwangerschaft ein Beschäftigungsverbot besteht. Die Bewerberin muss sich Ihnen gegenüber nicht offenbaren. Sollten Sie trotzdem fragen, müssen Sie mit einer Verweigerung bzw. mit einer Lüge rechnen und dieses Risiko im Hinterkopf behalten.

2.2 Meine Tipps

Tipp 1: Auf Gefahren hinweisen

Mit einer direkten oder auch weniger direkten Frage kommen Sie nicht weit. Hier gilt der Grundsatz: Wer nicht fragt, wird nicht belogen. Statt zu fragen, sollten Sie die Gefahren des Arbeitsplatzes für den hypothetischen Fall einer Schwangerschaft deutlich aufzeigen. Weisen Sie die Mitarbeiterin daraufhin, dass der Arbeitsplatz für Schwangere nicht nur nicht geeignet, sondern sogar gefährlich ist. Machen Sie deutlich, dass es Ihnen wichtig ist, dass Ihre Bewerberinnen das wissen. Wenn Sie dieses Thema ausführen, können Sie unter Umständen am Verhalten der Bewerberin erkennen, ob sie Ihnen etwas verschweigt.

Tipp 2: Probearbeitsvertrag abschließen

Wenn Sie Zweifel bei einer Neueinstellung haben und diese sich nicht durch ein wirksames Fragerecht aus dem Weg räumen lassen, sollten Sie die Vereinbarung eines wirksam befristeten Probearbeitsverhältnisses in Betracht ziehen. Im Unterschied zum unbefristeten Arbeitsverhältnis läuft das befristete Arbeitsverhältnis mit Erreichen des vereinbarten Endtermins aus. Für den Fall, dass die Erprobung negativ verläuft, müssen Sie dem Arbeitnehmer also nicht kündigen. Das Arbeitsverhältnis endet in diesem Fall automatisch.

2.3 Arbeitshilfen auf der CD-ROM

Einen Mustervertrag für ein befristetes Probearbeitsverhältnis finden Sie auf der beiliegenden CD-ROM. Sie können ihn einfach in Ihre Textverarbeitung übernehmen und anpassen.

Probearbeitsvertrag

Zwischen der Firma ....

und

Frau/Herrn............................(im Folgenden: Arbeitnehmer)

wird nachfolgender Probearbeitsvertrag vereinbart:

§ 1 Beginn des Arbeitsverhältnisses/Tätigkeit

Der Arbeitnehmer wird ab .... als .... eingestellt. Die einzelnen zum Aufgabenbereich gehörenden Tätigkeiten ergeben sich aus der als Anlage 1 beigefügten, zum Vertrag gehörenden Stellenbeschreibung.

§ 2 Befristung/Beendigung des Arbeitsverhältnisses

Das Arbeitsverhältnis endet mit Ablauf des .... , ohne dass es einer ausdrücklichen Kündigung bedarf.

Die Einstellung erfolgt befristet zur Erprobung des Arbeitnehmers.

Sollten sich die Parteien vor Ablauf der Befristung über eine Fortführung des Arbeitsverhältnisses einigen, hat dies in schriftlicher Form zu erfolgen. Sollte die Firma das Arbeitsverhältnis über die Befristung hinaus nicht fortsetzen wollen, hat sie den Arbeitnehmer hiervon spätestens .... Tage/Wochen vor Ablauf der Befristung zu unterrichten.

Während der Befristung ist eine ordentliche Kündigung des Arbeitsvertrages für beide Seiten unter Einhaltung einer Frist von ...... möglich.

§ 3 Arbeitszeit

Die regelmäßige Arbeitszeit richtet sich nach der betriebsüblichen Zeit. Sie beträgt zur Zeit ..... Stunden in der Woche ohne die Berücksichtigung von Pausen.

Die Firma ist berechtigt, aus dringenden betrieblichen Erfordernissen eine Änderung der Arbeitszeiteinteilung vorzunehmen.

Der Arbeitnehmer erklärt sich bereit, im Falle betrieblicher Notwendigkeit bis zu ...... Überstunden pro Woche zu leisten.

§ 4 Vergütung

Der Arbeitnehmer erhält eine monatliche Bruttovergütung von EUR........ . Die Vergütung ist jeweils am Monatsende fällig und wird auf das Konto des Arbeitnehmers bei der...................... Nr. .... angewiesen.

Etwa angeordnete Überstunden werden mit einem Zuschlag von .....% vergütet.

§ 5 Urlaub

Der Arbeitnehmer hat Anspruch auf ...... Werktage Urlaub. Die Lage des Urlaubs ist mit der Firma abzustimmen.

§ 6 Arbeitsverhinderung

Im Falle einer krankheitsbedingten oder aus sonstigen Gründen veranlassten Arbeitsverhinderung hat der Arbeitnehmer die Firma unverzüglich zu informieren. Bei Arbeitsunfähigkeit infolge Erkrankung ist der Firma innerhalb von 3 Tagen ab Beginn der Arbeitsunfähigkeit eine ärztliche Bescheinigung über die Dauer der voraussichtlichen Arbeitsunfähigkeit vorzulegen.

§ 7 Verschwiegenheitspflicht

Der Arbeitnehmer wird über alle betrieblichen Angelegenheiten, die ihm im Rahmen oder aus Anlass seiner Tätigkeit in der Firma bekannt geworden sind, auch nach seinem Ausscheiden Stillschweigen bewahren.

§ 8 Nebenbeschäftigung

Während der Dauer der Beschäftigung ist jede entgeltliche oder unentgeltliche Tätigkeit, die die Arbeitsleistung des Arbeitnehmers beeinträchtigen könnte, untersagt. Der Arbeitnehmer verpflichtet sich, vor jeder Aufnahme einer Nebenbeschäftigung die Firma zu informieren.

§ 9 Kündigung

Es gelten die gesetzlichen Kündigungsfristen für die ordentliche Kündigung. Daneben kann das Arbeitsverhältnis von beiden Parteien aus wichtigem Grund auch außerordentlich gem. § 626 BGB gekündigt werden.

§ 10 Ausschlussklausel

Ansprüche aus dem Arbeitsverhältnis und solche, die mit diesem in Verbindung stehen, sind innerhalb von 6 Monaten nach Fälligkeit, spätestens jedoch innerhalb von 6 Monaten nach Beendigung des Vertragsverhältnisses schriftlich gegenüber der anderen Vertragspartei geltend zu machen. Ansprüche, die nicht innerhalb dieser Frist geltend gemacht werden, sind verfallen. Der Ausschluss gilt nicht, soweit ein Anspruch auf der Haftung wegen Vorsatz beruht.

§ 11 Nebenabreden

Nebenabreden und Änderungen des Vertrages, insbesondere der Übergang in ein unbefristetes Arbeitsverhältnis, bedürfen zu ihrer Rechtswirksamkeit der Schriftform.

Dieses Formerfordernis kann weder mündlich noch stillschweigend aufgehoben oder außer Kraft gesetzt werden.

Eine etwaige Unwirksamkeit einzelner Vertragsbestimmungen berührt die Wirksamkeit der übrigen Bestimmungen nicht.

Ort ....

Datum ....

....	....
Arbeitgeber	Arbeitnehmer

3 „Sind Sie schwerbehindert oder krank?"

Fragen nach einer Schwerbehinderung waren nach der Rechtsprechung des Bundesarbeitsgerichts (BAG) immer zulässig. Seit Inkrafttreten des § 81 Abs. 2 Sozialgesetzbuch IX (SGB IX) werden jedoch kritische Stimmen dazu laut. Es wird gefordert, die zulässigen Fragen nach Schwerbehinderung und Schwerbehinderteneigenschaft auf Fälle zu beschränken, in denen der Arbeitgeber aufgrund des arbeitsplatzbezogenen Anforderungsprofils ein besonderes Informationsbedürfnis hat. Nicht selten nehmen Arbeitgeber jedoch an, dass für die Schwerbehinderung das Gleiche wie für die Frage nach einer Krankheit gelte.

Beispiel: Sind Sie krank?

Die Spedition Kaiser sucht einen Helfer für das Beladen der LKWs. Der Personalleiter weiß, dass es sich hierbei um eine schwere, körperlich anstrengende Arbeit handelt und fragt den Bewerber deshalb, ob er gesund sei.

Der Arbeitgeber darf den Bewerber im Einstellungsgespräch nur fragen, ob er an gesundheitlichen Beeinträchtigungen leidet, durch die er für die vorgesehene Arbeitsleistung ungeeignet ist. Wollen Sie über den Gesundheitszustand des Bewerbers etwas wissen, dürfen Sie also nur in Bezug auf den zu vergebenden Arbeitsplatz fragen. In unserem Beispiel wäre eine allgemeine Frage nach dem Gesundheitszustand also unzulässig.

Achtung:

Das Interesse des Arbeitgebers muss so stark sein, dass dahinter das Interesse des Arbeitnehmers am Schutz seines Persönlichkeitsrechtes zurücktritt. Dementsprechend richtet sich der Umfang des Fragerechts hinsichtlich bestehender Krankheiten danach, ob diese im Zusammenhang mit dem Arbeitsplatz stehen.

3.1 Noch sind Fragen erlaubt

Nach der Rechtsprechung des BAG ist die Frage nach einer Schwerbehinderung stets zulässig gewesen – und zwar unabhängig davon, ob sie für die auszuübende Tätigkeit von Bedeutung ist.

Beispiel: Sind Sie schwerbehindert?

Der Personalleiter geht davon aus, dass die schwere Arbeit in der Spedition von einem schwerbehinderten Mitarbeiter nicht geleistet werden kann.

Auf Grund der EG-Gleichbehandlungsrichtlinie kann das für die Zukunft anders sein. Es ist nicht auszuschließen, dass sich die Rechtsprechung ändern wird. Bislang können Sie auf jeden Fall noch ohne Probleme nach einer Schwerbehinderung fragen, und auch danach, ob ein Bewerber einen Antrag auf Feststellung der Schwerbehinderteneigenschaft gestellt hat.

Achtung:

Fragen Sie nicht danach, ob ein Bewerber beabsichtigt, einen solchen Antrag zu stellen. Dies würde einen Eingriff in seine geschützte Privatsphäre darstellen und wäre demzufolge unzulässig.

3.2 Meine Tipps

Tipp 1: Fragen auf die Tätigkeit beziehen

Wenn Sie über den Gesundheitszustand Ihres Bewerbers etwas wissen wollen, dann fragen Sie zielbezogen auf das Arbeitsverhältnis:

- Liegt eine Krankheit bzw. eine Beeinträchtigung des Gesundheitszustandes vor, durch die ihre Eignung für die vorgesehene Tätigkeit auf Dauer oder in wiederkehrenden Abständen eingeschränkt ist?
- Liegen ansteckende Krankheiten vor, die zwar nicht ihre Leistungsfähigkeit beeinträchtigen, jedoch die zukünftigen Kollegen oder Kunden gefährden?

- Ist zum Zeitpunkt des Dienstantritts bzw. in absehbarer Zeit mit einer Arbeitsunfähigkeit zu rechnen, z. B. durch eine geplante Operation, eine bewilligte Kur oder auch durch eine zur Zeit bestehende akute Erkrankung?

Tipp 2: Anfechtung wegen arglistiger Täuschung

Haben Sie nach der Schwerbehinderung gefragt und stellt sich später heraus, dass der Bewerber Sie angelogen hat, können Sie den Arbeitsvertrag wegen arglistiger Täuschung anfechten. Voraussetzung dafür ist, dass Sie den Bewerber aufgrund der falschen Beantwortung dieser Frage eingestellt haben. Vorteil für Sie: Haben Sie den Vertrag wirksam angefochten, finden keinerlei Kündigungsschutzvorschriften Anwendung. Das jedoch nur für die Fälle, die nicht offensichtlich sind. Handelt es sich z. B. um einen blinden oder zwergenwüchsigen Menschen, haben Sie kein Anfechtungsrecht.

3.3 Arbeitshilfen auf der CD-ROM

Auf der beiliegenden CD-ROM finden Sie ein Muster für den Fall, dass Sie einen Arbeitsvertrag wegen arglistiger Täuschung anfechten wollen. Übernehmen Sie das Muster einfach in Ihre Textverarbeitung und passen Sie es individuell an.

Muster Anfechtungsschreiben

Sehr geehrte/r Frau/Herr ...,

den mit Ihnen am ... abgeschlossenen Arbeitsvertrag fechten wir gem. § 123 BGB an.

Der Grund für die Anfechtung: Sie haben uns im Bewerbungsgespräch/Personalfragebogen versichert, dass Sie nicht schwerbehindert sind und die vertraglich vereinbarte Arbeit als .... verrichten können. Nun haben wir erfahren, dass Sie uns mit dieser Aussage arglistig getäuscht haben.

Mit freundlichen Grüßen

4 Vorstellungskosten muss ich immer erstatten!

Das ist so nicht ganz richtig. Wenn Sie einen Bewerber zur Vorstellung auffordern, müssen Sie ihm gemäß § 670 Bürgerliches Gesetzbuch (BGB) alle Aufwendungen ersetzen, die der Bewerber den Umständen nach für erforderlich halten durfte. Das gilt aber nur dann, wenn Sie mit dem Bewerber vorab nichts anderes verabreden.

Beispiel: Spesenritter im Einsatz

Ein Softwareunternehmen in Stuttgart sucht Programmierer und lädt einen vielversprechenden Kandidaten aus Hamburg ein. Dieser verabredet mit zwei anderen Firmen in Stuttgart für den gleichen Tag ebenfalls Vorstellungsgespräche. Anschließend rechnet er mit jeder Firma seine Vorstellungskosten in vollem Umfang ab.

In diesem Fall besteht kein Anspruch auf Ersatz der Vorstellungskosten, allerdings lässt sich das für einen Arbeitgeber kaum feststellen. Um sich unnötigen Ärger zu ersparen, sollten Sie bereits vor dem vereinbarten Termin klare Regeln bzgl. der Kosten aufstellen. Ersetzt werden nur die notwendigen Kosten.

Achtung:

Zu den notwendigen Kosten gehören Fahrtkosten, falls erforderlich auch Kosten für Verpflegung und Übernachtung, gegebenenfalls auch der Verdienstausfall. Es kommt nicht darauf an, ob später ein Arbeitsvertrag zustande kommt. Der Anspruch umfasst nicht die Abgeltung für einen vom Bewerber genommenen Urlaubstag. Es besteht selbstverständlich kein Ersatzanspruch auf Vorstellungskosten, wenn der Arbeitnehmer sich unaufgefordert vorstellt.

4.1 Dies wird üblicherweise erstattet

Die folgenden Kosten sind erforderlich, notwendig und werden üblicherweise vom Arbeitgeber erstattet:

- Bahnfahrt: 2. Klasse (1. Klasse nur bei entsprechender Bedeutung für die zu besetzende Stelle),
- Pkw: Steuerliche Kilometer-Sätze wie bei Dienstreisen,
- Flug: Grundsätzlich nur nach vorheriger Vereinbarung (Etwas anderes gilt, wenn sich ein Flug auf Grund der zu besetzenden Position und/oder der Anreiseentfernung von selbst versteht.),
- Taxikosten (z. B. vom/zum Bahnhof oder Flughafen),
- Hotelkosten: Steuerlich zulässige Sätze, wenn An- und Abreise nicht an einem Tag zu schaffen sind,
- Verpflegung: Steuerlich zulässige Spesensätze.

4.2 Meine Tipps

Tipp 1: Kostenübernahme vorab ausschließen

Sie können die Erstattung von Vorstellungskosten auch von vornherein ausschließen. Das ist zulässig, wenn Sie dies dem Bewerber bei der Aufforderung zur Vorstellung ausdrücklich mitteilen. Bitte beachten Sie dabei, dass das Image Ihrer Firma darunter leiden könnte. Bei den potenziellen Kandidaten macht es keinen guten Eindruck, wenn sie auf eigene Kosten anreisen sollen.

Tipp 2: Konkrete Vereinbarungen treffen

Zweckmäßig ist es, mit dem Bewerber bei der Terminvereinbarung konkrete Regelungen zu treffen. Legen Sie fest, welche Kosten Sie tragen. Ist eine Übernachtung erforderlich, sollten Sie die Hotelreservierung selbst vornehmen. Dies ist eine Geste, die der Bewerber als Service auffassen wird und Ihnen bleiben unliebsame Überraschungen erspart.

4.3 Arbeitshilfen auf der CD-ROM

Bereits in Ihrer Einladung zum Vorstellungsgespräch können Sie darauf hinweisen, welche Kosten Sie übernehmen. Kopieren Sie das Muster auf der beiliegenden CD-ROM einfach in Ihre Textverarbeitung und fügen Sie Ihre individuellen Daten ein.

Musterformulierung für eine Einladung zum Vorstellungsgespräch und Erklärung der Kostenübernahme

Sehr geehrte/r Herr/Frau ....,

wir bedanken uns für die Übersendung Ihrer Bewerbungsunterlagen und Ihr Interesse an einer Mitarbeit als ... in unserem Hause.

Wir möchten Sie gerne kennen lernen! Als Gesprächstermin schlagen wir Ihnen

Tag, Datum, Uhrzeit

vor.

Ihr(e) Gesprächspartner werden/wird Herr/Frau .... sein.

In der Anlage finden Sie eine Anfahrtsskizze zu unserem Firmengebäude. Selbstverständlich erstatten wir Ihnen Ihre Fahrtkosten - auf Nachweis und auf Basis eines 2. Klasse Tickets der Deutschen Bahn. Bitte schicken Sie uns dazu nach dem Termin Ihre Fahrtkostenbelege unter Angabe Ihrer Bankverbindung und Kontonummer.

Und/Oder: Bitte teilen Sie uns mit, ob wir ein Hotel für Sie reservieren sollen.

Bitte bestätigen Sie diesen Termin kurz telefonisch bei .... unter o.g. Rufnummer.

Wir freuen uns, Sie bald persönlich kennen zu lernen!

Mit freundlichen Grüßen

Unterschrift

5 Ich kann nichts falsch machen – Das Personal wird extern gesucht

Wenn Sie den Weg über die Arbeitsagentur oder eine Personalberatung wählen, können Sie bei der Stellenausschreibung selbst keine Fehler machen. Das ist soweit richtig. Trotzdem müssen Sie damit rechnen, dass Schadensersatzansprüche gegen Sie geltend gemacht werden. Sie sind nämlich dazu verpflichtet, die Arbeit des Dritten zu überwachen. Macht dieser Fehler, geht das zu Ihren Lasten.

Beispiel: Der Personalberater formuliert die Anzeige

Der Personalchef der Maier GmbH kommt mit dem neuen AGG nicht zurecht. Er weiß vor allem, dass man gerade bei der Stellenausschreibung einiges falsch machen kann und im Nachhinein Schadensersatzansprüche drohen. Um dem zu entgehen, beauftragt er eine Personalberatung mit der Suche nach einer Sekretärin mit hervorragenden Rechtschreibkenntnissen. Der Personalberater formuliert daraufhin eine Anzeige, die sich nur an „deutschstämmige Frauen" richtet, da er die Bewerbungsunterlagen von Männern sowieso zurückschicken würde. Außerdem beherrschen nur Deutschstämmige seiner Meinung nach die Sprache richtig und sind so der Aufgabe gewachsen.

5.1 Kontrolle ist besser

Den Arbeitgeber können die Konsequenzen einer nicht ordnungsgemäßen Arbeitsplatzausschreibung auch treffen, wenn er sich Dritter bedient. Er ist in jedem Fall verpflichtet, das Verfahren zu überwachen. Schalten Sie z. B. die Agentur für Arbeit ein, müssen Sie nachweisbar die der Öffentlichkeit zugänglich gemachte Arbeitsplatzausschreibung der Agentur für Arbeit überprüfen. Das gilt für Stellenausschreibungen aller Art wie z. B. Anzeigen, Internetportale usw. Schalten Sie also einen Dritten ein, sollten Sie sich von diesem die vorgesehene Stellenausschreibung vorlegen lassen und anschließend abzeichnen.

Achtung:
Bei der Formulierung der Arbeitsplatzbeschreibung ist höchste Aufmerksamkeit geboten. Als Arbeitgeber sind Sie gehalten, vor der Ausschreibung einer Stelle die objektiven und subjektiven Kriterien, die der Besetzer der Stelle erfüllen soll – ohne Ansehung einer Person – zu formulieren. Dies muss ausführlich und strukturiert geschehen. Nach der Rechtsprechung des Bundesverfassungsgerichts (BVerfG) können Fehler in der Arbeitsplatzausschreibung, die zu einer Benachteiligung nach § 22 AGG führen, später durch Nachschieben von Gründen kaum geheilt werden. Es empfiehlt sich also, im Vorfeld besonders sorgfältig vorzugehen.

5.2 Meine Tipps

Tipp 1: Auswahlkriterien genau definieren

Die Stellenausschreibung ist nur ein Teil des Auswahlverfahrens, das insgesamt diskriminierungsfrei ablaufen muss. Ich empfehle Ihnen daher, das Auswahlverfahren nach einem vorgegebenen Schema durchzuführen. Definieren Sie dazu die objektiven und subjektiven Auswahlkriterien für den zu besetzenden Arbeitsplatz vorab. Sie können dafür die Checkliste heranziehen, die Sie unter den Arbeitshilfen auf der CD-ROM (siehe auch 5.3) finden. Sie nennt beispielhaft einige Kriterien und wird vor allem dem AGG gerecht.

Tipp 2: Auswahlverfahren genau planen

Ihr Auswahlverfahren kann wie folgt fortgesetzt werden:

- 1. Auswahlrunde:
  Alle Bewerber, die die genannten *objektiven* Anforderungen der Stellenausschreibung nicht erfüllen, werden aussortiert.
- 2. Auswahlrunde:
  In dieser Runde befinden sich nur noch Kandidaten, die die *objektiven* Auswahlkriterien zumindest dem Grunde nach erfüllen.

Für die Auswahlentscheidung der zweiten Runde könnte die (wesentliche) Vollständigkeit und/oder Fehlerfreiheit der Bewerbungsunterlagen als ein Kriterium gewählt werden. Dies ist keinesfalls ein „Muss". Es kann jedoch zumindest in Fällen, in denen eine große Zahl von Bewerbungen vorliegt, die Zahl der weiter zu berücksichtigenden Bewerbungen reduzieren.
Besonders im Hinblick auf die Vollständigkeit der Bewerbungsunterlagen sollten nicht Aspekte zum Aussortieren eines Kandidaten führen, die mit einem Benachteiligungsmerkmal in Zusammenhang stehen.

- 3. Auswahlrunde:
  Legen Sie nun ein bestimmtes oder mehrere Prüfungsergebnis(se) zur Voraussetzung für das Verbleiben im Auswahlverfahren fest. Überlegen Sie hierbei, wie viel Bedeutung Sie dem Prüfungsergebnis beimessen wollen. Es würde das Auswahlverfahren deutlich erleichtern, wenn die Kandidaten mit dem besten Prüfungsergebnis zum Vorstellungsgespräch eingeladen werden. Auf der anderen Seite muss ein Prüfungsergebnis allein nicht aussagekräftig dafür sein, ob der Bewerber für die Stelle der bestgeeignete ist.
- 4. Auswahlrunde:
  Es werden die Bewerber aussortiert, die ihre Sprachkenntnisse nicht in entsprechenden Auslandaufenthalten mit bestimmter Dauer verbessert haben. Damit ist nicht gesagt, dass Personen, die über bestimmte Sprachkenntnisse verfügen müssen, die Anforderungen an die Stelle nur dann erfüllen können, wenn sie die Sprache im Ausland gesprochen haben. Es obliegt jedoch dem Arbeitgeber festzulegen, ob er selbst von dieser Prämisse ausgeht oder nicht. Die festzulegenden Auswahlschritte müssen nicht für einen objektiven Beobachter vernünftig oder maßgeblich sein. Sie dürfen nur nicht benachteiligend sein.

Hat sich nach der vierten Runde das Bewerberfeld noch nicht so weit gelichtet, dass die verbleibende Zahl zum persönlichen Gespräch eingeladen werden kann, sollten weitere Voraussetzungen vorgegeben werden. Sind weitere objektive Merkmale nicht vorhanden, so kann für die Auswahl der zum Vorstellungsgespräch zu Ladenden der subjektive Eindruck der Bewerbungsunterlagen herangezogen werden. Es sollte – soweit dieser Schritt nötig wird – positiv begründet werden, welche Aspekte aus den Bewerbungen die Auswahl für das Vorstellungsgespräch begründen. Diese Überlegungen sollten ggf. in kurzen Vermerken zu den eingeladenen Kandidaten schriftlich festgehalten werden. Ein hilfreiches Beispiel für den Ablauf eines Einstellungsverfahrens finden Sie auf Ihrer CD-ROM und unter 5.3.

Tipp 3: Dokumentieren Sie alles

Die ordnungsgemäße Durchführung des Auswahlverfahrens allein genügt noch nicht. Sie müssen auch in der Lage sein, darzulegen und zu beweisen, dass Sie das Auswahlverfahren benachteiligungsfrei durchgeführt haben. Dafür sollten Sie eine lückenlose Dokumentation des Auswahlverfahrens vorlegen können. Sie müssen in der Lage sein, den Auswahlvorgang ggf. gegenüber dem Arbeitsgericht in vollem Umfang nachzuvollziehen. Dort müssen Sie unter Umständen anhand der Bewerbungsunterlagen darlegen und beweisen, warum Sie welche Bewerber in welchem Stadium des Auswahlverfahrens aus benachteiligungsfreien Gründen nicht weiter berücksichtigt haben. Das wiederum heißt, dass Sie die Bewerbungsunterlagen vorhalten müssen.
Die Bewerber haben das Recht, Entschädigungsansprüche nach § 15 Abs. 4 AGG innerhalb von zwei Monaten – beginnend mit dem Zugang der Ablehnung – geltend zu machen. Innerhalb von drei Monaten, nachdem der Anspruch schriftlich geltend gemacht wurde, kann Klage erhoben werden. Wollen Sie ganz sicher gehen, können Sie also die Bewerbungsunterlagen erst zurücksenden, wenn die letzte Absage dem Bewerber zwei Monate zuvor zugegangen ist.

Tipp 4: Auf Aufbewahrung hinweisen

Machen abgelehnte Bewerber Ansprüche geltend, so müssen Sie die Unterlagen ggf. für die Dauer des arbeitsgerichtlichen Verfahrens bereithalten. Dem steht entgegen, dass Sie nicht ohne weiteres berechtigt sind, die Bewerbungsunterlagen abgelehnter Bewerber so lange zu behalten. Und Kopien dürfen Sie nur mit Zustimmung der

Bewerber machen. Ich empfehle Ihnen daher, die Bewerber bereits in der Eingangsbestätigung für eine Bewerbung auf diese Notwendigkeit hinweisen. Eine passende Formulierung finden Sie unter den Arbeitshilfen auf der beiliegenden CD-ROM sowie unter 5.3.

Natürlich stellt diese ungeschriebene Aufbewahrungsobliegenheit einen erheblichen Aufwand dar. Kopien müssen gemacht werden, Lagerraum wird benötigt usw. Für Sie als Arbeitgeber bestehen jedoch kaum Alternativen. Denkbar wäre es, die Bewerber dazu aufzufordern, ihre Unterlagen ausschließlich per E-Mail zu zusenden. Diese lassen sich dann leichter in einer Datei oder durch Brennen auf einer CD/DVD vorhalten.

5.3 Arbeitshilfen auf der CD-ROM

Die folgende Checkliste zeigt Ihnen die wichtigsten objektiven und subjektiven Kriterien für das Bewerberauswahlverfahren. Mit ihrer Hilfe können Sie auch einem externen Personalberater aufzeigen, welche Faktoren Ihnen bei der Besetzung der Stelle besonders wichtig sind.

Checkliste: Kriterien für das Auswahlverfahren
Objektive formelle Kriterien: • Vollständigkeit der Bewerbungsunterlagen • Fehlerfreiheit der Bewerbungsunterlagen.
Subjektive formelle Kriterien: Ansprechende Bewerbungsunterlagen
Objektive Auswahlkriterien: • Ausbildung (z. B. Bankkaufmann/-frau) • Zusatzausbildung (z. B. Jurist/in mit Vorbildung als Bankkaufmann/-frau) • weitere Qualifikationen (z. B. SAP-Kenntnisse oder sonstige EDV-Kenntnisse, Sprachkenntnisse) • Grad der Berufserfahrung (z. B. mehrjährige Erfahrung in der für den Arbeitsplatz maßgebenden Tätigkeit oder zusätzliche Erfahrungen in anderen Tätigkeitsbereichen, wie z. B. Jurist/in mit Schwerpunkt auf Vertragsrecht, erste Erfahrungen im gewerblichen Rechtsschutz)

Subjektive Auswahlkriterien:

- Kommunikativität
- sympathisches Auftreten
- selbstbewusstes Auftreten
- schnelle Auffassungsgabe
- Spontanität
- Eloquenz
- Sicherheit im Gespräch
- gute Körpersprache
- Fingerspitzengefühl/Sensibilität

Mit der folgenden Formulierung einer Aufbewahrungsklausel sind Sie auf jeden Fall auf der sicheren Seite. Übernehmen Sie das Klausel einfach in Ihre Eingangsbestätigungen.

Aufbewahrungsklausel

„Mit der Zusendung der Bewerbungsunterlagen erklärt sich der/die Bewerber/in damit einverstanden, dass unser Unternehmen Ablichtungen der Bewerbungsunterlagen macht und diese mindestens bis zum Ablauf von drei Monaten nach Beendigung des Einstellungsverfahrens bzw. bis zur Beendigung eines arbeitsgerichtlichen Verfahrens im Falle der Inanspruchnahme der Firma... wegen Benachteiligung im Auswahlverfahren aufbewahrt. Die ... verpflichtet sich, die Ablichtungen ohne Zustimmung des/der Bewerber/in keinem Dritten zugänglich zu machen, es sei denn, es dient der Abwehr von Ansprüchen Dritter in einem gerichtlichen Verfahren, und sie nach Ablauf der genannten Frist bzw. des gerichtlichen Verfahrens unverzüglich zu vernichten."

Auf der CD-ROM finden Sie außerdem ein Musterformular, anhand dessen Sie den ordnungsgemäßen Ablauf eines Einstellungsverfahrens dokumentieren können. Das abgebildete Beispiel soll Ihnen verdeutlichen, wie Sie zum Beispiel vorgehen könnten. Übernehmen Sie das Ablaufschema einfach in Ihre Textverarbeitung und passen Sie es dort Ihren Bedürfnissen an.

Ablauf Einstellungsverfahren (Beispiel)	
Zu besetzende Stelle:	
Abteilung:	
Eingruppierung, sofern Tarifvertrag angewendet wird	
Anforderung gemäß Stellenausschreibung	• abgeschlossenes Studium der Betriebswirtschaft • Schwerpunkt Marketing • verhandlungssicheres Englisch und Spanisch • Kommunikationsfähigkeit und Überzeugungskraft
Auswahlschritt 1	Erfüllung der in der Stellenausschreibung genannten Anforderungen
Auswahlschritt 2	Fehlerfreie und vollständige Bewerbungsunterlagen
Auswahlschritt 3	Abschluss des Studiums mit der Note befriedigend oder besser
Auswahlschritt 4	Verbesserung der Sprachkenntnisse durch Auslandsaufenthalte
Auswahlschritt 5	Berufserfahrung
Es verbleiben 14 Kandidaten, von denen sechs zum Vorstellungsgespräch geladen werden sollen. Entweder wird ein weiterer Ausscheidungsdurchgang geführt oder die Auswahl wie folgt positiv begründet.	
Folgende Kandidaten werden zum Vorstellungsgespräch eingeladen:	Kandidat/in A Kandidat/in B Kandidat/in C Kandidat/in D Kandidat/in E
Kandidat/in A	weil ....
Kandidat/in B	weil ....
Kandidat/in C	weil ....
Kandidat/in D	weil ....
Kandidat/in E	weil ....

6 Personalfragebogen – Die hebe ich immer auf

Viele Unternehmen sind dazu übergegangen, per Fragebogen die wichtigsten Daten eines Bewerbers zu erfassen. Das ist eine legitime Lösung und erleichtert die Personalarbeit. Wenn auch Sie über eine solche Vorgehensweise nachdenken, sollten Sie zum einen bei der Einführung eines Fragebogens in Ihrem Betrieb und zum anderen bei der Aufbewahrung aufpassen.

Beispiel: Datenerfassung contra Datenschutz

Der Personalchef der Maier GmbH hat einige Bewerbungsgespräche geführt. Die Kandidaten haben alle einen Fragebogen ausgefüllt. Außerdem haben sie alle unterschrieben, dass sie mit der Verarbeitung ihrer Daten einverstanden sind. Ein Bewerber, dem abgesagt wurde, hat nun eine Klage erhoben. Er will erreichen, dass sein Fragebogen vernichtet wird.

6.1 Nur allgemeine Daten speichern

Einen Bewerberpool vorzuhalten hat viele Vorteile. Wenn eine Stelle schnell besetzt werden muss, kann man geeignete Kandidaten zuerst einmal unkompliziert hier suchen. Allerdings dürfen Sie nach einer Absage aus datenschutzrechtlichen Gründen dauerhaft nur allgemeine Identifikationsmerkmale speichern wie z. B. Name und Adresse. Persönliche Angaben wie z. B. der Grad der Behinderung gehören nicht dazu. In unserem Beispielfall oben sollte der Personalchef besser den Fragebogen herausgeben.

Beispiel: Der Betriebsrat meckert

Der Personalleiter der Maier GmbH hält Personalfragebögen für ein gutes Instrument und führt sie ein. Der Betriebsrat erhält davon Kenntnis und fordert den Arbeitgeber auf, den Bogen nicht mehr von Bewerbern ausfüllen zu lassen.

Ersparen Sie sich im Vorfeld Ärger und beziehen Sie Ihren Betriebsrat schon bei Ihrem Entschluss ein. Personalfragebögen bedürfen grundsätzlich der Zustimmung des Betriebsrats, § 94 BetrVG.

Achtung:
Sowohl bei der Einführung als auch bei jeder Änderung von bereits eingesetzten Fragebögen hat der Betriebsrat mitzubestimmen. Allerdings ist das Mitbestimmungsrecht Ihres Betriebsrats lediglich als Zustimmungsrecht ausgestaltet. Er hat also nicht die Möglichkeit, die Einführung von Personalfragebogen oder die Streichung bestimmter Fragen in einem bereits vereinbarten Personalfragebogen zu erzwingen.

6.2 Meine Tipps

Tipp 1: Auswahlverfahren dokumentieren

Setzen Sie den Fragebogen bei jedem Bewerber ein. So haben Sie die Möglichkeit, Ihr Auswahlverfahren zu dokumentieren. Außerdem können Sie alle zulässigen Fragen mit dem Fragebogen abdecken. Auf der beiliegenden CD-ROM (auch unter 6.3) finden Sie einen Musterfragebogen, mit welchem Sie die persönlichen Daten Ihrer Bewerber erheben können.

Tipp 2: Vorab den Betriebsrat einbeziehen

Legen Sie den Musterfragebogen Ihrem Betriebsrat vor, bevor Sie ihn einsetzen. Fordern Sie den Betriebsrat dazu auf zuzustimmen, dass dieser Fragebogen eingesetzt wird. Argumentieren Sie, dass auch die Arbeit des Betriebsrats mit Hilfe eines Personalbogens leichter wird. Weisen Sie den Betriebsrat vor allem auch daraufhin, dass nur zulässige Fragen gestellt werden.

6.3 Arbeitshilfen auf der CD-ROM

Bewerber sollten *spätestens* vor der Unterbreitung eines Vertragsangebotes gebeten werden, einen Personalfragebogen auszufüllen. Nutzen Sie das folgende Muster, um einen individuellen Fragebogen für Ihr Unternehmen zu erstellen. Übernehmen Sie das Muster einfach in Ihre Textverarbeitung und passen Sie Ihren Bedürfnissen an.

Personalfragebogen

Dieser Einstellungs- bzw. Personalfragebogen unterstützt uns - neben Ihren Bewerbungsunterlagen - bei der Einstellungsentscheidung und wird, falls ein Arbeitsverhältnis zustande kommt, Bestandteil des Arbeitsvertrages. Wir bitte Sie daher um eine wahrheitsgemäße und lückenlose Beantwortung aller Fragen.

Persönliche Angaben

Familienname (ggf. Geburtsname), Vorname:	
geb. am:	in:
Strasse, Nr.	seit:
PLZ, Ort:	

Tel.:	Fax:	E-Mail:
Staatsangehörigkeit [ ] Deutsch [ ] andere ____________________	Aufenthaltsgenehmigung bis:	Arbeitserlaubnis bis:
Familienstand:	Anzahl der unterhaltsberechtigter Kinder:	Notfallkontakt:
Bankverbindung:	Kontonummer:	Bankleitzahl:

Vertragliches

Bewerbung als:	frühester Eintrittstermin:	Kündigungsfrist:
derzeitiges Gehalt:	Anzahl der Gehälter:	gewünschtes Gehalt (p.a.)
derzeitige Sozialleistungen:	derzeitiger Urlaubsanspruch: ______ Tage	Firmenwagen zur Privatnutzung: [ ] ja [ ] nein

Unterliegen Sie einer Konkurrenzklausel?	[ ] ja [ ] nein	Umfang:
Gehen Sie einer weiteren Beschäftigung nach?	[ ] ja [ ] nein	Umfang: __ Stunden p.M.
In welchem Unternehmen?		als:
Ist Ihr Ehegatte/ Lebenspartner/Kind in einem Konkurrenzbetrieb tätig?	[ ] ja [ ] nein	in welchem:

Ausbildung

Welchen Schulabschluss haben Sie?

Haben Sie eine abgeschlossene Berufsausbildung ?

Ausbildungsbetrieb:

Abschlussprüfung als: am:

Studienabschluss / Promotion

als am:

als am:

als am:

Praktika / Auslandsaufenthalte (bitte Ort und Dauer angeben!)

Zusätzliche Kurse/Prüfungen:

Besondere Kenntnisse/Fertigkeiten:

Berufstätigkeit

Bisherige Stellen/Berufstätigkeit (letzte Stelle angeben):

Firma:	als:	von:	bis:

derzeitiger beruflicher Status

[ ] ungekündigt

[ ] in der Ausbildung

[ ] gekündigt zum:

[ ] arbeitslos seit:

Beendigungsgrund:

Können Sie uns Referenzpersonen nennen?[1]	[ ] ja	[ ] nein	wenn ja, welche:[2]
Bekleiden Sie ein Ehrenamt?	[ ] ja	[ ] nein	wenn ja, welches:[3]
Sind Sie schwerbehindert?	[ ] ja	[ ] nein	wenn ja, in welchem Umfang: ___ %
Ist eine Kurmaßnahme bewilligt oder beantragt?	[ ] ja	[ ] nein	wenn ja, wann:
Sind Sie derzeit arbeitsunfähig krank?	[ ] ja	[ ] nein	falls ja, seit wann:
Leiden Sie an einer ansteckenden/ chronischen Krankheit?	[ ] ja	[ ] nein	wenn ja, welche:
Leiden Sie an einer Krankheit oder an Beschwerden, die Ihnen die Ausübung der vorgesehenen Tätigkeit erschweren/ unmöglich machen?	[ ] ja	[ ] nein	wenn ja, welche
Wehr-/Zivildienst abgeleistet?	[ ] ja	[ ] nein	
Einberufungsbescheid ergangen?	[ ] ja	[ ] nein	wenn ja, Termin:
Steht Wehrübung an?	[ ] ja	[ ] nein	wenn ja, wann:
Sind Sie vorbestraft? (Nur Vorstrafen angeben, die für vorgesehene Position von Belang sind)	[ ] ja	[ ] nein	wenn ja, welche
Steht die Verbüßung einer Haftstrafe bevor?	[ ] ja	[ ] nein	wenn ja, wann:
Haben Sie Ihren zukünftigen Arbeitslohn abgetreten?	[ ] ja	[ ] nein	wenn ja, Höhe:
Liegen Lohnpfändungen vor?	[ ] ja	[ ] nein	wenn ja, Höhe:

Haben Sie die eidesstattliche Versicherung abgeleistet?	[ ] ja	[ ] nein	wenn ja, wer?
Sind Verwandte von Ihnen bei uns beschäftigt?	[ ] ja	[ ] nein	
Haben Sie sich früher bereits mal bei uns beworben?	[ ] ja	[ ] nein	wenn ja, wann? als?

Ich versichere die Richtigkeit der vorstehenden Angaben sowie den Inhalt der von mir vorgelegten Bewerbungsunterlagen. Mir ist bekannt, dass eine bewusst falsche oder unvollständige Beantwortung einzelner Fragen den Betrieb zu einer Anfechtung des Arbeitsvertrages wegen arglistiger Täuschung berechtigen, bzw. Schadensersatzansprüche auslösen kann.

Ort, Datum Unterschrift

Bitte denken Sie daran, uns etwaige Änderungen zu o.g. Angaben UMGEHEND mitzuteilen!

[1] Wir gehen nie ohne vorherige Rücksprache mit Ihnen auf die Referenzpersonen zu!

[2] Bitte Name, Funktion und Tel. angeben!

[3] Bitte Organisation, Funktion und Umfang angeben!

Fallen und Irrtümer bei Abschluss des Arbeitsvertrags

7 Einen Zeitvertrag kann ich per Handschlag abschließen

Grundsätzlich können Arbeitsverträge auch mündlich abgeschlossen werden. Dieser Grundsatz kann allerdings durch Gesetz, Tarifvertrag oder Betriebsvereinbarung verdrängt werden, wenn diese die Schriftform vorschreiben.

Beispiel: Den Schriftkram sparen wir uns

In der Spedition Maier GmbH wurde ein Großauftrag angenommen. Mit dem bestehenden Personal kann das nicht bewältigt werden. Für sechs Monate stellt der Personalleiter deshalb befristet einen weiteren LKW-Fahrer ein. Da es nur vorrübergehend ist, wird man sich schnell per Handschlag einig.

Hier wurde ein befristeter Arbeitsvertrag abgeschlossen. Für diesen ist die Schriftform vorgeschrieben. Nach § 14 Abs. 4 Teilzeit- und Befristungsgesetz (TzBfG) muss die Befristungsabrede schriftlich erfolgen. In unserem Beispiel ist sie also unwirksam.

Achtung:

Ist die Befristungsabrede unwirksam, kann sich der Arbeitgeber nicht auf die Befristung berufen. Das Arbeitsverhältnis gilt als unbefristet vereinbart – die übrigen Vertragsbedingungen gelten weiter.

Um das Arbeitsverhältnis wieder zu beenden, muss ein Aufhebungsvertrag geschlossen oder gekündigt werden – und zwar unter Beachtung sämtlicher Vorschriften des Kündigungsschutzes. Nur die Befristungsabrede, nicht etwa der gesamten Arbeitsvertrag, muss schriftlich fixiert werden.

7.1 Hier gelten spezielle Regeln

§ 14 Abs. 4 TzBfG schreibt für Befristungsvereinbarungen die Schriftform vor. Zu beachten sind insbesondere folgende Aspekte:

- Die Vereinbarung über die Befristungsabrede muss von beiden Parteien unterzeichnet werden.
- Die Unterschrift muss die Erklärung räumlich abschließen – also unterhalb der Vereinbarungen stehen.
- Die Unterschriften beider Parteien müssen auf derselben Urkunde erfolgen. Werden mehrere Urkunden ausgestellt, so genügt es, wenn jede Partei die für die andere Partei bestimmte Urkunde unterzeichnet.
- Es muss sich um eigenhändige Namensunterschriften der Parteien handeln. Namenskürzel, Telegramme, Telefaxe, E-Mail usw. oder mechanisch vervielfältigte oder kopierte Unterschriften genügen nicht.

7.2 Meine Tipps

Tipp 1: Ein schriftlicher Vertrag hat Vorteile

Das Schriftformerfordernis betrifft nur die Befristungsabrede, nicht etwa den gesamten Arbeitsvertrag. Gleichwohl sollten Sie schon aus Gründen der Klarheit, Vollständigkeit und zur Beweissicherung einen umfassenden schriftlichen Arbeitsvertrag erstellen.

Tipp 2: Endtermin muss exakt bestimmt sein

Wichtig ist vor allem die exakte Bestimmung des Endtermins. Beachten Sie: Zweifel gehen zu Lasten desjenigen, der sich auf die Befristung beruft.

Formulieren Sie daher die Befristung eines Arbeitsvertrages (Zeitbefristung) wie folgt: „*Das Arbeitsverhältnis wird befristet für die Zeit von … bis … geschlossen. Es endet mit Erreichen des Endtermins, ohne dass es einer Kündigung bedarf.*“ Einen ausführlichen Musterarbeitsvertrag finden Sie auf der beiliegenden CD-ROM.

7.3 Arbeithilfen auf der CD-ROM

Übernehmen Sie das Muster für einen befristeten Arbeitsvertrag einfach in Ihre Textverarbeitung und ergänzen Sie es mit Ihren individuellen Daten.

Muster Befristeter Arbeitsvertrag (sachlicher Grund)

Zwischen ....(im Folgenden: Arbeitgeber)

und

Frau/Herrn............................(im Folgenden: Arbeitnehmer)

wird nachfolgender befristeter Arbeitsvertrag vereinbart:

§ 1 Beginn des Arbeitsverhältnisses/Tätigkeit

Der Arbeitnehmer wird ab .... als .... in ..... eingestellt. Die einzelnen zum Aufgabenbereich gehörenden Tätigkeiten ergeben sich aus der als Anlage 1 beigefügten, zum Vertrag gehörenden Stellenbeschreibung.

§ 2 Befristung/Beendigung des Arbeitsverhältnisses

Das Arbeitsverhältnis endet mit Ablauf des .... , ohne dass es einer ausdrücklichen Kündigung bedarf. Die Befristung erfolgt aus folgenden Gründen:

....

Als Probezeit werden .... Wochen/Monate vereinbart. Während dieser Zeit kann das Arbeitsverhältnis unter Einhaltung einer Frist von 2 Wochen gekündigt werden.

Während der Befristung ist eine ordentliche Kündigung des Arbeitsvertrages für beide Seiten unter Einhaltung einer Frist von ...... möglich.

§ 3 Arbeitszeit

Die regelmäßige Arbeitszeit richtet sich nach der betriebsüblichen Zeit. Sie beträgt zur Zeit ..... Stunden in der Woche ohne die Berücksichtigung von Pausen.

Der Arbeitgeber ist berechtigt, aus dringenden betrieblichen Erfordernissen eine Änderung der Arbeitszeiteinteilung vorzunehmen.

Der Arbeitnehmer erklärt sich bereit, im Falle betrieblicher Notwendigkeit bis zu ...... Überstunden pro Woche zu leisten.

§ 4 Vergütung

Der Arbeitnehmer erhält eine monatliche Bruttovergütung von EUR .... Die Vergütung ist jeweils am Monatsende fällig und wird auf das Konto des Arbeitnehmers bei der .... Nr. .... angewiesen.

Etwa angeordnete Überstunden werden mit einem Zuschlag von ....% vergütet.

§ 5 Urlaub

Der Arbeitnehmer hat Anspruch auf ...... Werktage Urlaub. Die Lage des Urlaubs ist mit dem Arbeitgeber abzustimmen.

§ 6 Arbeitsverhinderung

Im Falle einer krankheitsbedingten oder aus sonstigen Gründen veranlassten Arbeitsverhinderung hat der Arbeitnehmer den Arbeitgeber unverzüglich zu informieren. Bei Arbeitsunfähigkeit infolge Erkrankung ist dem Arbeitgeber innerhalb von 3 Tagen ab Beginn der Arbeitsunfähigkeit eine ärztliche Bescheinigung über die Dauer der voraussichtlichen Arbeitsunfähigkeit vorzulegen.

§ 7 Verschwiegenheitspflicht

Der Arbeitnehmer wird über alle betrieblichen Angelegenheiten, die ihm im Rahmen oder aus Anlass seiner Tätigkeit beim Arbeitgeber bekannt geworden sind, auch nach seinem Ausscheiden Stillschweigen bewahren.

§ 8 Nebenbeschäftigung

Während der Dauer der Beschäftigung ist jede entgeltliche oder unentgeltliche Tätigkeit, die die Arbeitsleistung des Arbeitnehmers beeinträchtigen könnte, untersagt. Der Arbeitnehmer verpflichtet sich, vor jeder Aufnahme einer Nebenbeschäftigung den Arbeitgeber zu informieren.

§ 9 Ausschlussklausel

Ansprüche aus dem Arbeitsverhältnis und solche, die mit diesem in Verbindung stehen, sind innerhalb von 3 Monaten nach Fälligkeit, spätestens jedoch innerhalb von 3 Monaten nach Beendigung des Vertragsverhältnisses schriftlich gegenüber der anderen Vertragspartei geltend zu machen. Ansprüche, die nicht innerhalb dieser Frist geltend gemacht werden, sind verfallen. Der Ausschluss gilt nicht, soweit ein Anspruch auf der Haftung wegen Vorsatzes beruht.

§ 10 Nebenabreden

Nebenabreden und Änderungen des Vertrages bedürfen zu ihrer Rechtswirksamkeit der Schriftform.

Dieses Formerfordernis kann weder mündlich noch stillschweigend aufgehoben oder außer Kraft gesetzt werden.

Eine etwaige Unwirksamkeit einzelner Vertragsbestimmungen berührt die Wirksamkeit der übrigen Bestimmungen nicht.

Ort: ....

Datum: ....

....	....
Arbeitgeber	Arbeitnehmer

8 Nur schriftliche Arbeitsverträge sind wirksam

Nein, Arbeitsverträge bedürfen nicht unbedingt der Schriftform. Auch mündliche Verträge sind wirksam. Allerdings ist es empfehlenswert, Arbeitsverträge schriftlich abzufassen.

Beispiel: Einigkeit per Handschlag

Die Maier GmbH stellt unbefristet einen Fahrer ein und verzichtet auf einen schriftlichen Vertrag. Der neue Kollege ist der Ansicht, dass er einen Anspruch auf 32 Werktage Urlaub hat.

Hier ist der Ärger wohl vorprogrammiert und zwar allein deshalb, weil kein schriftlicher Vertrag vorliegt. Da kein befristetes Arbeitsverhältnis vorliegt und auch kein Tarifvertrag oder eine Betriebsvereinbarung die Schriftform vorschreibt, konnte der Arbeitsvertrag auch mündlich abgeschlossen werden. Trotzdem ist die Maier GmbH jetzt in Beweisnöten.

8.1 Nachweispflichten beachten

Seit 1995 gilt das Nachweisgesetz (NachwG). Danach sind Sie als Arbeitgeber verpflichtet, die wesentlichen Arbeitsbedingungen schriftlich niederzulegen. Diese Regelung müssen Sie nur dann nicht beachten, wenn Sie ohnehin detaillierte, schriftliche Arbeitsverträge abschließen. Mit der Nachweispflicht soll sichergestellt werden, dass der Arbeitnehmer durch ein Schriftstück des Arbeitgebers über die wesentlichen Vertragsbestimmungen in Kenntnis gesetzt wird. Das ändert aber nichts daran, dass auch mündlich vereinbarte Arbeitsverträge wirksam sind.

8.2 Meine Tipps

Tipp 1: Vertrag erleichtert Nachweispflichten

Sollten Sie sich entschließen, Ihren Mitarbeitern die schriftlich niedergelegten Arbeitsbedingungen anstelle eines Arbeitsvertrags auszuhändigen, so ist das rechtlich zulässig. Ihr Arbeitsvertrag ist wirksam zustande gekommen. Bedenken Sie aber Folgendes: Ändern sich die bei Vertragsschluss vereinbarten wesentlichen Arbeitsbedingungen, müssen Sie einen Nachweis über die erfolgten Vertragsänderungen ausstellen und dem Arbeitnehmer erneut aushändigen. Das kann auf Dauer lästig werden und einen hohen Aufwand bedeuten. Mit einem ausführlichen und detaillierten Arbeitsvertrag können Sie das umgehen.

Tipp 2: Tarifverträge eingrenzen

Finden Kollektivverträge (Tarifverträge oder Betriebsvereinbarungen) auf das Arbeitsverhältnis Anwendung, müssen Sie in den Arbeitsbedingungen auf diese hinweisen. Fassen Sie diesen Hinweis nicht zu allgemein, da Sie die Tarifverträge und/oder die kollektiven Vereinbarungen, in denen die Arbeitsbedingungen des Arbeitnehmers geregelt sind, angeben müssen. Der Hinweis „Im Übrigen finden auf das Arbeitsverhältnis die einschlägigen Tarifverträge und Betriebsvereinbarungen in ihrer jeweils gültigen Form Anwendung" reicht nicht aus. Tarifverträge sollten Sie zumindest nach ihrem Geltungsbereich angeben. Beispiel: *„Auf das Arbeitsverhältnis finden die Tarifverträge des niedersächsischen Lebensmittel-Einzelhandels in ihrer jeweils gültigen Fassung Anwendung."*

9 Was im Vertrag steht, ist Verhandlungssache

Das ist so nicht richtig. Im Nachweisgesetz hat der Gesetzgeber zum einen festgelegt, dass Sie zumindest die wesentlichen Arbeitsbedingungen schriftlich niederlegen müssen, wenn Sie schon keinen Arbeitsvertrag abschließen. Zum anderen regelt das Nachweisgesetz, welche Arbeitsbedingungen mindestens in einem Arbeitsvertrag festgehalten werden müssen. Im Ergebnis heißt das also, dass nicht alles Verhandlungssache ist.

Beispiel: Auf den Urlaub kommen wir später zu sprechen

Die Maier GmbH stellt einen neuen Fahrer ein. Da neue Urlaubsregeln aufgestellt werden sollen, übergibt der Personalleiter einen Arbeitsvertrag, in dem der Punkt „Urlaub" gar nicht angesprochen wird. Den Mitarbeiter vertröstet er auf einen späteren Zeitpunkt, zu dem der Urlaubsanspruch geregelt werden wird.

Ein Arbeitsvertrag ohne Urlaubsregelung erfüllt nicht die Voraussetzungen des NachwG. Das Thema Urlaub zählt zu den wesentlichen Vertragsbedingungen und muss deshalb im Vertrag (zumindest aber in der Niederschrift) geregelt werden.

9.1 Was unbedingt geregelt werden muss

Das NachwG schreibt vor, welche Punkte im Arbeitsvertrag (oder in der Niederschrift) mindestens geregelt werden müssen:

- Bezeichnung der Vertragsparteien,
- Beginn des Vertragsverhältnisses,
- eine etwaig vereinbarte Befristungsdauer,
- Arbeitsort,
- Tätigkeitsbezeichnung,
- Arbeitsvergütung,

- Arbeitszeit,
- Urlaubsdauer,
- Kündigungsfristen,
- Hinweis auf Kollektivvereinbarungen (Tarifverträge und Betriebsvereinbarungen).

9.2 Meine Tipps

Tipp 1: Arbeitnehmer an Konditionen binden

Die Arbeitsbedingungen müssen Sie ohnehin nach dem NachwG schriftlich niederlegen. Es ist also nicht einzusehen, warum dies nicht gleich in Gestalt eines Arbeitsvertrags geschehen sollte. Damit erreichen Sie gleichzeitig, dass nicht nur Sie, sondern auch der Arbeitnehmer an die vereinbarten Vertragskonditionen gebunden ist.

Tipp 2: Arbeitsbedingungen dokumentieren

Schon aus Beweisgründen sollte Ihnen daran gelegen sein, die Arbeitsbedingungen schriftlich in Form eines Arbeitsvertrags zu dokumentieren. Dies gilt besonders dann, wenn Sie von den gesetzlichen Vorgaben zu Lasten des Arbeitnehmers abweichen möchten. In vielen Bereichen ist das möglich, wenn die Parteien entsprechende Vereinbarungen treffen. Vereinbaren Sie nichts, wird eine Streitfrage in aller Regel zu Gunsten des Arbeitnehmers ausgelegt.

10 Das Rentenalter wird vertraglich nicht festgelegt

Hierbei handelt es sich tatsächlich nicht um ein „Muss". Allerdings gehen viele Arbeitgeber und Arbeitnehmer davon aus, dass ein Arbeitsverhältnis „automatisch" endet, wenn ein Mitarbeiter das Rentenalter erreicht. Das ist allerdings nicht richtig.

Beispiel: Das 65. Lebensjahr ist vollendet

Der Chef der Maier GmbH möchte seinen langjährigen Finanzbuchhalter, der im kommenden Monat das 65. Lebensjahr erreicht, gebührend verabschieden. Er geht davon aus, dass das Arbeitsverhältnis ganz automatisch endet. Im Arbeitsvertrag aus dem Jahr 1972 wurde jedenfalls nichts geregelt.

Hier unterliegt der Chef einem Irrtum. Wenn im Arbeits- bzw. Tarifvertrag nichts geregelt ist, endet das Arbeitsverhältnis nicht ohne Zutun der Parteien. Will die Maier GmbH, dass der Finanzbuchhalter in den Ruhestand geht, muss sie eine Kündigung aussprechen. Wollen beide das Arbeitsverhältnis beenden, können sie einen Aufhebungsvertrag in Betracht ziehen.

10.1 Vertragliche Altersgrenzen sind erlaubt

Einzelvertragliche oder tarifliche Altersgrenzen, die auf die Regel-Altersgrenze von derzeit 65 Jahren bezogen sind, sind wirksam. Der Arbeitnehmer muss jedoch durch den Bezug einer gesetzlichen Altersrente wirtschaftlich abgesichert sein. Nach der Auffassung des Bundesarbeitsgerichtes muss das Interesse des Arbeitnehmers, das Arbeitsverhältnis fortzusetzen, dem Bedürfnis des Arbeitgebers an einer ausgewogenen Altersstruktur der Belegschaft und einer kalkulierbaren Personal- und Nachwuchsplanung weichen.

Achtung:
Vereinbarungen in Arbeitsverträgen oder Regelungen in Tarifverträgen, wonach das Arbeitsverhältnis bei Erreichen eines bestimmten Lebensalters bzw. bei Erreichen des jeweiligen gesetzlichen Rentenalters (z. B. 65. Lebensjahr) endet, werden rechtlich als Befristungen qualifiziert. Zwar ist bei Abschluss des Arbeitsvertrags in der Regel nicht sicher, ob der Arbeitnehmer die Altersgrenze während des Arbeitsverhältnisses mit diesem Arbeitgeber überhaupt erreicht. Trotzdem sollte diese Vereinbarung in den Vertrag aufgenommen werden.

10.2 Meine Tipps

Tipp 1: Altergrenze vertraglich vereinbaren

Nehmen Sie in Ihre Arbeitsverträge auf jeden Fall eine Altersgrenze auf. Sollte der Fall eintreten, dass Ihnen auch über diese Grenze hinaus an der Mitarbeit des Kollegen gelegen ist, können Sie jederzeit eine entsprechende Vereinbarung mit ihm treffen. Auf diesem Weg ersparen Sie sich unnötige Streitereien mit Mitarbeitern, die nicht in Rente gehen wollen. Wenn ein Mitarbeiter im Rentenalter entgegen Ihren Vorstellungen nicht bleiben möchte, können Sie ihn auf Dauer sowieso nicht halten.

Tipp 2: Berufs-/Erwerbsunfähigkeitsrente einbeziehen

Achten Sie bei der Gestaltung des Arbeitsvertrages darauf, dass ein Rentenanspruch auch mit Eintritt einer Berufs- oder Erwerbsunfähigkeit entsteht. Nehmen Sie daher auch für diesen Fall eine Klausel in Ihren Arbeitsvertrag mit auf. Formulieren Sie wie folgt: *„Wird festgestellt, dass der Arbeitnehmer berufs- oder erwerbsunfähig ist, so endet das Arbeitsverhältnis mit Ablauf desjenigen Monats, in dem der Bescheid des Rentenversicherungsträgers zugestellt wird.“*
Ein entsprechende Musterklausel finden Sie unter Ihren Arbeitshilfen auf der beiliegenden CD-ROM sowie unter Punkt 10.3.

10.3 Arbeitshilfen auf der CD-ROM

In Ihre Arbeitsverträge sollten Sie eine Klausel aufnehmen, die die Beendigung des Arbeitsverhältnisses bei Erreichen des Rentenalters und Eintritt einer Berufs- oder Erwerbsunfähigkeit regelt.

Musterklausel: Rentenalter und Berufs-/Erwerbsunfähigkeit

Das Arbeitsverhältnis endet in jedem Fall mit Ablauf desjenigen Monats, in dem der Arbeitnehmer das gesetzliche Renteneintrittsalter (derzeit bei Vollendung des 65. Lebensjahres) erreicht, ohne dass es einer Kündigung bedarf. Wird durch Bescheid eines Rentenversicherungsträgers festgestellt, dass der Arbeitnehmer berufs- oder erwerbsunfähig ist, so endet das Arbeitsverhältnis mit Ablauf desjenigen Monats, in dem der Bescheid zugestellt wird. Der Arbeitnehmer hat den Arbeitgeber von der Zustellung des Bescheids unverzüglich zu unterrichten. Beginnt die Rente wegen Berufs- oder Erwerbsunfähigkeit erst nach Zustellung des Bescheids, so endet das Arbeitsverhältnis mit Ablauf des dem Rentenbeginn vorangehenden Monats.

11 Ausschlussfristen bringen nichts

Auf sogenannte Ausschlussfristen bzw. Verfallklauseln sollten Sie nicht verzichten. Wenn sie wirksam vereinbart wurden, bringen sie bei Beendigung eines Arbeitsverhältnisses schnell Klarheit. Nehmen Sie daher bei Vertragsschluss bereits entsprechende Klauseln in den Vertrag auf. Das erspart Ihnen im Streitfall viel Ärger.

Beispiel: Einmonatige Frist

Im Betrieb der Maier GmbH wurde einem Mitarbeiter gekündigt. Dieser klagt drei Monate nach Ende seines Arbeitsverhältnisses angeblich rückständigen Lohn ein. Die Maier GmbH verwehrt sich dagegen und verweist auf die Ausschlussfrist in ihren formularmäßig vorformulierten Arbeitsverträgen, die bei allen Mitarbeitern eingesetzt werden. Die Klausel besagt, dass alle Ansprüche innerhalb eines Monats nach Beendigung des Arbeitsverhältnisses geltend gemacht werden müssen, da sie sonst erlöschen.

Die Ausschlussklausel darf keine unangemessene Benachteiligung nach § 307 Abs. 2 BGB beinhalten. Sie muss nach der Rechtsprechung des Bundesarbeitsgerichts (BAG) eine Mindestfrist von drei Monaten einhalten. In unserem Beispielsfall ist die Klausel daher unwirksam. Die Maier GmbH wird den Beweis antreten müssen, dass tatsächlich kein Lohn mehr zu zahlen ist.

11.1 Diese Grundregeln sollten Sie beachten

Das BAG hat folgende Grundregeln für Ausschlussfristen festgelegt:

- Einseitige Ausschlussfristen in Formulararbeitsverträgen, die nur für den Arbeitnehmer zum Anspruchsverlust führen, widersprechen einer ausgewogenen Vertragsgestaltung und sind deshalb unwirksam.

- Eine Ausschlussfrist, die innerhalb einer Frist von weniger als drei Monaten ab Fälligkeit verlangt, dass die Ansprüche schriftlich geltend gemacht werden müssen, ist unwirksam.
- In Formulararbeitsverträgen können auch zweistufige Ausschlussklauseln vereinbart werden. Bei zweistufigen Ausschlussfristen ist der Anspruch zunächst schriftlich geltend zu machen (1. Stufe). Wird man sich nicht einig, kann eine 2. Stufe die gerichtliche Geltendmachung der Ansprüche vorschreiben. Die Mindestfrist für die gerichtliche Geltendmachung der Ansprüche beträgt auch drei Monate.

Achtung:
In Arbeitsverträgen und Betriebsvereinbarungen, besonders aber in Tarifverträgen werden häufig Ausschlussfristen vereinbart. Danach erlöschen Ansprüche aus dem Arbeitsverhältnis, wenn sie nicht innerhalb der vereinbarten Frist gegenüber dem Vertragspartner geltend gemacht werden. Sinn und Zweck von Ausschlussfristen ist es, Arbeitgeber und Arbeitnehmer möglichst schnell und umfassend einen Überblick über das Bestehen von Ansprüchen aus dem Arbeitsverhältnis zu verschaffen. Sie dienen deshalb der Rechtsklarheit und dem Rechtsfrieden.

Unterscheiden Sie zwischen Ausschlussfristen, die
- in Formularverträgen,
- einzelvertraglich (Individualvereinbarung) oder
- in Kollektivverträgen (Betriebsvereinbarungen oder Tarifverträgen)

vereinbart sind.

Klauseln zu Ausschlussfristen können Sie auch in Formulararbeitsverträgen (d. h. in von Ihnen vorformulierten Vertragsbedingungen) verwenden. Diese dürfen nicht gegen zwingendes höherrangiges Recht verstoßen und müssen der Inhaltskontrolle nach den §§ 305 ff. BGB standhalten. Weichen sie zum Beispiel von den für das Arbeitsverhältnis geltenden tariflichen Ausschlussfristen ab, gilt das, was für den Arbeitnehmer günstiger ist.

Einzelvertragliche Ausschlussfristen dürfen ferner nicht gegen die guten Sitten, gegen Treu und Glauben oder das Willkürverbot verstoßen.

Achtung:
Vom Arbeitgeber vorformulierte Ausschlussklauseln unterliegen der gerichtlichen Inhaltskontrolle – auch wenn das Vorformulierte nur einmal so verwendet wurde.

11.2 Meine Tipps

Tipp 1: Keine überraschenden Klauseln

Die Ausschlussfrist wird nur Vertragsinhalt, wenn Sie für den anderen Vertragspartner nicht überraschend ist. Verschleiern Sie also nichts, verwenden Sie kein „Kleingedrucktes" und achten Sie darauf, dass die inhaltlich richtige Überschrift über dem jeweiligen Vertragspunkt steht. Eine überraschende Klausel wäre z. B., wenn die Ausschlussfristen unter der Überschrift „Datenschutz" geregelt sind. Verwenden Sie deshalb im Arbeitsvertrag die Überschrift „Ausschlussfrist" und führen Sie die Klausel in einem gesonderten Paragraphen des Vertrags auf.

Tipp 2: Keine unangemessenen Klauseln

Unangemessen benachteiligend und damit unwirksam sind einseitige, nur zu Gunsten des Arbeitgebers wirkende Ausschlussfristen. Achten Sie darauf, dass Ihre Klausel sowohl für Ihre als auch für die Ansprüche des Mitarbeiters Anwendung findet.

Tipp 3: Gesetzlichen Mindesturlaub beachten

Die gesetzlichen Mindesturlaubsansprüche dürfen Sie nicht ausschließen. Achten Sie darauf, dass sich Ihre Klausel nicht auf diesen Teil der Urlaubsansprüche bezieht.

11.3 Arbeitshilfen auf der CD-ROM

Ich empfehle Ihnen folgende Musterklausel, die Sie entsprechend in Ihren Arbeitsverträgen einsetzen können:

Musterklausel: Ausschlussfristen

1. Ansprüche aus dem Arbeitsverhältnis und solche, die mit diesem in Verbindung stehen, sind innerhalb von 3 Monaten nach Fälligkeit, spätestens jedoch innerhalb von 3 Monaten nach Beendigung des Vertragsverhältnisses schriftlich gegenüber der anderen Vertragspartei geltend zu machen. Ansprüche, die nicht innerhalb dieser Frist geltend gemacht werden, sind verfallen.

2. Lehnt die andere Partei den Anspruch ab oder erklärt sie sich nicht innerhalb von 2 Wochen nach der Geltendmachung des Anspruchs, so verfällt der Anspruch, wenn er nicht innerhalb von 3 Monaten nach der Ablehnung oder dem Fristablauf gerichtlich geltend gemacht wird.

3. Der Ausschluss nach Absatz 1 und 2 gilt nicht, soweit ein Anspruch auf der Haftung wegen Vorsatz beruht.

12 Die Dauer einer Befristung kann ich frei wählen

Die Frage, ob, unter welchen Voraussetzungen und für welche Dauer die Befristung eines Arbeitsverhältnisses rechtlich zulässig ist, beherrscht das gesamte Befristungsrecht. Zentrale Vorschrift ist hierbei § 14 TzBfG.

Beispiel: Vorübergehend und doch zu lang!

Die Maier GmbH will sich personell verstärken. Einen konkreten Anlass gibt es dafür nicht, aber man rechnet im Herbst mit einer steigenden Auftragslage. Deshalb ruft der Personalleiter Herrn Müller an, der schon öfter ausgeholfen hat. Herr Müller ist mit einer befristeten Anstellung von September bis Dezember einverstanden.

Die Maier GmbH hat keinen konkreten Anlass dafür, Herrn Müller befristet zu beschäftigen. Damit liegt auch kein Sachgrund für eine Befristung vor. Da Herr Müller aber schon öfters bei der Maier GmbH gearbeitet hat, handelt es sich auch nicht um eine Neueinstellung. Herr Müller kann damit nicht befristet ohne Sachgrund eingestellt werden. Die Befristung ist unwirksam – auch wenn der Zeitraum noch so kurz ist.

Achtung:

Arbeitnehmer können befristet ohne sachlichen Grund für einen Zeitraum bis zu zwei Jahren beschäftigt werden; in neu gegründeten Unternehmen bis zu maximal vier Jahren.

Bis zu einer Gesamtdauer von zwei Jahren ist auch die maximal dreimalige Verlängerung eines befristeten Arbeitsvertrags zulässig. Bei neu gegründeten Unternehmen darf eine einmal vorgenommene Befristung beliebig oft bis zur Gesamtdauer von vier Jahren verlängert werden.

12.1 Die Befristung als Ausnahmefall

Das Gesetz kennt keine generelle Höchstdauer für Befristungen – vor allem nicht für Befristungen mit Sachgrund. Das Befristungsrecht hat folgende Struktur:

- Das unbefristete Arbeitsverhältnis stellt den (anzustrebenden) Normalzustand dar.
- Bei der Befristung handelt es sich um einen Ausnahmefall, der deshalb *durch einen sachlichen Grund gerechtfertigt* sein muss.
- Hierzu gibt es Ausnahmen: Die Befristung bedarf keines Sachgrundes, wenn es sich um die Neueinstellung eines Arbeitnehmers handelt.
- Neben den im TzBfG geregelten Befristungen gibt es auf Grund von Spezialgesetzen weitere Möglichkeiten zur Befristung eines Arbeitsverhältnisses, so z. B. für Ärzte in der Weiterbildung, Leiharbeitnehmer, Vertreter während der Elternzeit oder wissenschaftliches Personal an Hochschulen.

12.2 Meine Tipps

Tipp 1: Vorbeschäftigungen im Unternehmen prüfen

Die so genannte *erleichterte Befristung,* d. h. eine Rechtfertigung durch einen Sachgrund ist nicht erforderlich, kann nur vereinbart werden, wenn der Arbeitnehmer zuvor noch nicht beim Arbeitgeber (unbefristet oder befristet) beschäftigt war. Diese Befristung ist also nur bei Neueinstellungen möglich.

Befragen Sie deshalb den Arbeitnehmer vor Abschluss einer sachgrundlosen Befristung über bereits zuvor bestandene Beschäftigungsverhältnisse in Ihrem Unternehmen. Gerade lange Zeit zurückliegende Beschäftigungsverhältnisse geraten schnell in Vergessenheit oder es liegen keine Informationen mehr darüber vor. Eine Neueinstellung liegt schon dann nicht mehr vor, wenn ein Arbeitnehmer z. B. vor vielen Jahren während seines Studiums als Aushilfe bei Ihnen beschäftigt war.

Tipp 2: Angaben zur Vorbeschäftigung dokumentieren

Wenn Sie den Bewerber nach einer Vorbeschäftigung in Ihrem Unternehmen befragen, ist dieser zu einer wahrheitsgemäßen Beantwortung verpflichtet. Macht er bewusst falsche Angaben, können Sie das Arbeitsverhältnis wegen arglistiger Täuschung anfechten. Lassen Sie sich daher die Angaben des Bewerbers schriftlich geben. Ein entsprechendes Formular zum Ausfüllen finden Sie auf der beiliegenden CD-ROM und unter 12.3.

12.3 Arbeithilfen auf der CD-ROM

Um die Angaben eines Bewerbers zu einer eventuellen Vorbeschäftigung in Ihrem Unternehmen zu dokumentieren, können Sie das folgende Formular „Erklärung zur Vorbeschäftigung" einsetzen.

Befristete Beschäftigung – Erklärung zur Vorbeschäftigung

[ ] Hiermit erkläre ich, dass ich in der Vergangenheit weder unbefristet noch befristet bei .... oder einem Rechtsvorgänger des Unternehmens in einem Arbeitsverhältnis gestanden habe.

[ ] Hiermit erkläre ich, dass ich in der Vergangenheit von .... bis .... bei .... beschäftigt war.

Ort, Datum   Unterschrift Arbeitnehmer

13 Die tägliche Arbeitsdauer kann ich frei bestimmen

Nein! Der Gesetzgeber hat das Arbeitszeitgesetz (ArbZG) geschaffen, das Grundlage für die Arbeitszeitbestimmung sein soll. Es dient vorrangig der Sicherheit und dem Gesundheitsschutz der Arbeitnehmer bei der Arbeitszeitgestaltung. Gleichzeitig sollen damit die Rahmenbedingungen für flexible Arbeitszeiten verbessert sowie der Sonntag und die staatlich anerkannten Feiertage als Tage der Arbeitsruhe geschützt werden.

Beispiel: Prokurist macht Überstunden

Die Spedition Maier stellt einen leitenden Angestellten als Prokuristen ein. Dieser arbeitet täglich 10 Stunden und das nun schon seit einem Jahr. Der Betriebsrat meint, dass das ArbZG nicht eingehalten wird. Zu Recht?

Hier handelt es sich um einen Sonderfall: Auf den Prokuristen findet das Arbeitszeitgesetz keine Anwendung, da es sich um einen leitenden Angestellten handelt.

Achtung:

Das ArbZG gilt für alle Arbeitnehmer, die im Geltungsbereich des Grundgesetzes bei deutschen oder ausländischen Unternehmen beschäftigt sind. Gemeint sind damit alle Arbeiter, Angestellte und Auszubildende.

Für einige Personengruppen gelten allerdings Ausnahmen und Einschränkungen, wie die Tabelle auf der nächsten Seite zeigt.

Personengruppen	anwendbares Gesetz	Vorschrift
Leitende Angestellte im Sinne des § 5 Abs. 3 BetrVG	ArbZG nicht anwendbar	§ 18 Abs. 1 Nr. 1 ArbZG
Chefärzte	ArbZG nicht anwendbar	§ 18 Abs. 1 Nr. 1 ArbZG
Leiter von öffentlichen Dienststellen und deren Vertreter	ArbZG nicht anwendbar	§ 18 Abs. 1 Nr. 2 ArbZG
Arbeitnehmer des öffentlichen Dienstes mit Personalentscheidungsbefugnis	ArbZG nicht anwendbar	§ 18 Abs. 1 Nr. 2 ArbZG
Arbeitnehmer in häuslicher Gemeinschaft mit ihnen anvertrauten Personen	ArbZG nicht anwendbar	§ 18 Abs. 1 Nr. 3 ArbZG
Liturgischer Bereich der Kirchen und Religionsgemeinschaften	ArbZG nicht anwendbar	§ 18 Abs. 1 Nr. 4 ArbZG
Personen unter 18 Jahren	Jugendarbeitsschutzgesetz (JArbSchG)	§ 18 Abs. 2 ArbZG
Besatzungsmitglieder von Schiffen	Seemannsgesetz (SeemannsG)	§ 18 Abs. 3 ArbZG
Einzelhandel	ArbZG anwendbar, soweit das Ladenschlussgesetz (LadenSchlG) nicht entgegensteht	
Arbeitnehmer mit hoheitlichen Aufgaben	§§ 3 - 13 ArbZG nicht anwendbar	§ 19 ArbZG
Besatzungsmitglieder von Flugzeugen	2. Durchführungsverordnung zur Betriebsordnung für Luftfahrtgerät	§ 20 ArbZG
Fahrpersonal der Binnenschifffahrt	anwendbar, soweit die Rheinschiffs-Untersuchungsordnung und die Binnenschiffs-Untersuchungsordnung nicht entgegenstehen	§ 21 ArbZG

13.1 Folgende Rahmenbedingungen gelten

Die Höchstdauer der täglichen Arbeitszeit darf acht Stunden nicht überschreiten. Zu berücksichtigen sind dabei grundsätzlich nur die Werktage von Montag bis Samstag. Der Sonntag ist als arbeitsfreier Tag geschützt. Sie können aber die werktägliche Arbeitszeit auf zehn Stunden verlängern, wenn dabei innerhalb von sechs Kalendermonaten oder innerhalb von 24 Wochen im Durchschnitt acht Stunden werktäglich nicht überschritten werden. Damit geht das Gesetz von einer 48-Stunden-Woche aus, die unter Einhaltung des Ausgleichszeitraums auch auf 60 Stunden ausgedehnt werden kann.

Diese Pausen müssen eingehalten werden

Nach § 4 ArbZG müssen Sie Ihren Arbeitnehmern während einer zusammenhängenden Arbeitszeit Ruhepausen gewähren. Während dieser Pausen dürfen Sie die Mitarbeiter nicht zur Arbeitsleistung heranziehen. Sie dürfen nach eigener Vorstellung verbracht werden. Die Ruhepausen müssen im Voraus festgelegt werden. Sie betragen bei einer Arbeitszeit von mehr als sechs Stunden 30 Minuten und bei einer Arbeitszeit von mehr als neun Stunden 45 Minuten. Sie können auch in andere Zeitabschnitte aufgeteilt werden, müssen dann jedoch mindestens 15 Minuten betragen. Länger als sechs Stunden hintereinander dürfen Sie Ihre Mitarbeiter nicht ohne Ruhepause beschäftigen.

Beachten Sie die Sonn- und Feiertagsruhe

Grundsätzlich dürfen Sie Ihre Arbeitnehmer an Sonn- und gesetzlichen Feiertagen von 0 bis 24 Uhr nicht beschäftigen, allerdings gibt es hierfür viele Ausnahmen. In mehrschichtigen Betrieben kann z. B. Beginn oder Ende der Sonn- und Feiertagsruhe um bis zu sechs Stunden vor- oder zurückverlegt werden, wenn für die auf den Beginn der Ruhezeit folgenden 24 Stunden der Betrieb ruht. Für Kraft- und Beifahrer ist eine Vorverlegung der Ruhezeit um zwei Stunden möglich. Zu den gemeinsamen Voraussetzungen aller Ausnahmen gehört, dass keine Tätigkeiten anfallen, die aufschiebbar sind und am nächsten Werktag verrichtet werden könnten.

Ausnahmen vom Beschäftigungsverbot:

- Ausnahmenkatalog des § 10 Abs. 1 ArbZG für die Bereiche Sonntagsgewerbe, Bedürfnisgewerbe und Daseinsvorsorge,
- Ausnahmen für Produktionsbetriebe und Bäckereien,
- Ausnahmen für bestimmte Gewerbezweige aufgrund einer Rechtsverordnung,
- zeitlich befristete Ausnahmebewilligung.

Den vollständigen Ausnahmekatalog des § 10 Abs. 1 ArbZG finden Sie unter 13.3 sowie auf der beiliegenden CD-ROM.

Beschäftigen Sie entsprechend der oben genannten Ausnahmen einen Arbeitnehmer auch an Sonn- und Feiertagen, müssen Sie einen Ausgleich gewähren. Der Ersatzruhetag ist je nachdem, ob die Beschäftigung auf einen Sonntag oder auf einen Werktag fallenden Feiertag fällt, innerhalb von zwei oder acht Wochen einzuräumen. Er kann auch an einem ohnehin arbeitsfreien Samstag oder einem schichtplanmäßig arbeitsfreien sonstigen Werktag gewährt werden.

13.2 Meine Tipps

Tipp 1: Ordnungswidrigkeiten vermeiden

Ordnen Sie die Überschreitung der gesetzlichen Höchstarbeitszeit an oder dulden Sie die Überschreitung, handeln Sie nach § 22 Abs. 1 Nr. 1 ArbZG ordnungswidrig. Diese Ordnungswidrigkeit kann mit einer Geldbuße von bis zu 15.000 geahndet werden. Achten Sie also genau darauf, dass die zulässigen Höchstgrenzen möglichst nicht überschritten werden.

Tipp 2: Achtung bei mehreren Arbeitsverhältnissen

Beschäftigungen bei mehreren Arbeitgebern sind zusammenzurechnen. Diese Vorschrift ist im Hinblick auf die höchstzulässige tägliche Arbeitszeit besonders wichtig. Ist Ihnen bekannt, dass einer Ihrer Arbeitnehmer eine weitere Beschäftigung bei einem anderen Arbeitgeber ausübt, sind Sie verpflichtet, für die Einhaltung des ArbZG zu sorgen.

Tipp 3: Verkürzte Ruhezeiten für einige Berufszweige

Gemäß § 5 Abs. 1 ArbZG müssen Arbeitnehmer nach Beendigung der täglichen Arbeitszeit eine ununterbrochene Ruhezeit von mindestens elf Stunden haben.
Von dieser Ruhezeit wird für bestimmte Berufszweige eine Ausnahme gemacht:

- Krankenhäuser und andere Einrichtungen zur Behandlung, Pflege und Betreuung von Personen,
- Gaststätten und andere Einrichtungen zur Bewirtung und Beherbergung,
- Verkehrsbetriebe,
- Rundfunk,
- Landwirtschaft und Tierhaltung.

In diesen Bereichen kann die Ruhezeit um bis zu einer Stunde verkürzt werden, wenn jede Verkürzung der Ruhezeit innerhalb eines Kalendermonats oder innerhalb von vier Wochen durch Verlängerung einer anderen Ruhezeit auf mindestens zwölf Stunden ausgeglichen wird.

Tipp 4: Was gehört zur Arbeitszeit?

Gelegentlich ist nicht ganz klar, welche Tätigkeiten und Zeiten tatsächlich zur Arbeitszeit gehören. Hier zwei Beispiele, die immer wieder zu Streitigkeiten führen:

- Umkleiden bevor man die Arbeit aufnimmt zählt regelmäßig nicht zur Arbeitszeit. Eine Ausnahme bilden hier die Modells bei einer Modenschau o.ä.,
- Wegezeiten gehören in der Regel ebenfalls nicht zur Arbeitszeit, es sei denn, dass dies tarifvertraglich oder betrieblich zugesagt wurde.

13.3 Arbeitshilfen auf der CD-ROM

Auf Ihrer CD-ROM finden Sie den vollständigen Ausnahmekatalog des § 10 Abs. 1 ArbZG. Er gibt einen Überblick über alle Gewerbe, für die das Beschäftigungsverbot an Sonn- und Feiertagen nicht gilt.

Ausnahmenkatalog des § 10 Abs. 1 ArbZG

Das Beschäftigungsverbot gilt nicht für das sog. **Sonntagsgewerbe**. Zu diesen Gewerben gehören:

- gemäß § 10 Abs. 1 Nr. 4 ArbZG das Gaststättengewerbe und andere ähnliche Gewerbe,
- nach § 10 Abs. 1 Nr. 5 ArbZG Veranstaltungen, wie Musikaufführungen, Theatervorstellungen, etc.,
- das Sport- und Freizeitgewerbe einschließlich der Museen etc. (vgl. § 10 Abs. 1 Nr. 7 ArbZG) sowie
- gemäß § 10 Abs. 1 Nr. 10 ArbZG die Verkehrsbetriebe und Transporte, für die wegen der leichtverderblichen Ware eine Ausnahmegenehmigung nach der Straßenverkehrsordnung vorliegt.

Das Beschäftigungsverbot gilt ebenfalls nicht für das sog. **Bedürfnisgewerbe**. Zu diesen Gewerben zählen:

- nichtgewerbliche Aktionen und Veranstaltungen der Kirchen, Religionsgesellschaften, Verbände, Vereine, Parteien und anderer ähnlicher Vereinigungen (§ 10 Abs. 1 Nr. 6 ArbZG),
- Rundfunk, Tages- und Sportpresse, Nachrichtenagenturen sowie die der Tagesaktualität dienenden Tätigkeiten für andere Presseerzeugnisse einschließlich des Austragens, die Herstellung von Satz, Filmen und Druckformen für tagesaktuelle Nachrichten und Bilder, tagesaktuelle Aufnahmen auf Ton- und Bildträger sowie Transport und Kommissionieren von Presseerzeugnissen, deren Erscheinungstag am Montag oder am Tag nach einem Feiertag liegt (§ 10 Abs. 1 Nr. 8 ArbZG),
- Messen, Ausstellungen und Märkte i. S. d. Titels IV der Gewerbeordnung sowie Volksfeste (§ 10 Abs. 1 Nr. 9 ArbZG).

Das Beschäftigungsverbot gilt nicht für den Teil der Gewerbe, die der **Daseinsvorsorge** dienen. Zu diesen Gewerben zählen:

- Not- und Rettungsdienste sowie die Tätigkeit der Feuerwehr (§ 10 Abs. 1 Nr. 1 ArbZG),

- Gewerbe, die der Aufrechterhaltung der öffentlichen Sicherheit und Ordnung sowie der Funktionsfähigkeit von Gerichten und Behörden und der Verteidigung dienen (§ 10 Abs. 1 Nr. 2 ArbZG),
- Krankenhäuser und andere Einrichtungen zur Behandlung, Pflege und Betreuung von Personen (§ 10 Abs. 1 Nr. 3 ArbZG),
- Energie- und Wasserversorgungsbetriebe sowie Abfall- und Abwasserentsorgungsbetriebe (§ 10 Abs. 1 Nr. 11 ArbZG),
- Landwirtschaft und Tierhaltung sowie Einrichtungen zur Behandlung und Pflege von Tieren (§ 10 Abs. 1 Nr. 12 ArbZG),
- das Bewachungsgewerbe und die Bewachung von Betriebsanlagen (§ 10 Abs. 1 Nr. 13 ArbZG),
- die Reinigung und Instandhaltung von Betriebseinrichtungen, soweit hierdurch der regelmäßige Fortgang des eigenen oder eines fremden Betriebs bedingt ist, die Vorbereitung der Wiederaufnahme des vollen werktägigen Betriebs sowie die Aufrechterhaltung der Funktionsfähigkeit von Datennetzen und Rechnersystemen (§ 10 Abs. 1 Nr. 14 ArbZG),
- zur Verhütung des Verderbens von Naturerzeugnissen oder Rohstoffen oder des Misslingens von Arbeitsergebnissen sowie bei kontinuierlich durchzuführenden Forschungsarbeiten (§ 10 Abs. 1 Nr. 15 ArbZG),
- zur Vermeidung einer Zerstörung oder erheblichen Beschädigung der Produktionseinrichtungen (§ 10 Abs. 1 Nr. 16 ArbZG).

Verwenden Sie die folgende Musterklausel in Ihren Arbeitsverträgen, um die Arbeitszeit Ihrer Arbeitnehmer zu regeln.

Musterklausel Arbeitszeit

Die Arbeitszeit beträgt wöchentlich 40 Stunden ohne die Berücksichtigung von Pausen. Die Arbeit beginnt um ... Uhr und endet um ... Uhr. In dringenden betrieblichen Fällen kann der Arbeitgeber eine Änderung vornehmen.

14 Nebentätigkeiten kann ich nicht verbieten

Das ist so nicht ganz richtig. Ein generelles Verbot auszusprechen würde sicher über das Ziel hinausschießen. Aber bestimmte Tätigkeiten, vor allem wenn ein Arbeitnehmer seinem Arbeitgeber Konkurrenz macht, können Sie sehr wohl untersagen. Das Gleiche gilt für die Fälle, in denen die eigentliche Beschäftigung in Ihrem Betrieb unter der Nebentätigkeit leidet.

Beispiel: Leistungseinbruch

In der Spedition Maier wird ein Lagerist beschäftigt, der u. a. in den Vormittagsstunden beim Beladen der Lkws eingesetzt wird. Mehrere Fahrer haben sich beim Chef beschwert, dass die Leistung des Lageristen immer schwächer wird und sie die Fahrzeuge nahezu alleine beladen müssen. Der Lagerist ist extrem langsam und gähnt ohne Unterlass. Als der Chef mit dem Lageristen spricht, stellt sich heraus, dass dieser vor Arbeitsbeginn bereits zwei Stunden Zeitungen ausgetragen hat, um seine Haushaltskasse aufzubessern.

Hier handelt es sich um einen typischen Fall, in dem Sie als Arbeitgeber einschreiten sollten: Die Nebentätigkeit belastet offensichtlich die eigentliche Hauptbeschäftigung.

Grundsätzlich muss sich ein Arbeitnehmer auch die Ausübung einer Nebentätigkeit nicht von seinem Arbeitgeber genehmigen lassen. Im Rahmen seines Arbeitsvertrages verpflichtet er sich nur zur „Leistung der versprochenen Dienste“ im Umfang der vereinbarten Arbeitszeit. Darüber hinaus ist der Arbeitnehmer in der Gestaltung seiner Freizeit frei, kann diese mithin auch zu einer weiteren Berufstätigkeit nutzen. Die Grenzen des ArbZG (48 Stunden pro Woche) dürfen hierbei jedoch nicht überschritten werden.

14.1 Stellen Sie klar, was Sie erwarten

Die Beanspruchung der Zeit und der Kräfte des Arbeitnehmers in einem Nebenarbeitsverhältnis kann zu einer Leistungseinschränkung im Hauptarbeitsverhältnis führen. Deshalb ist es zulässig, dass Sie als Arbeitgeber bereits bei Abschluss des Arbeitsvertrages klarstellen, dass man Ihnen Nebentätigkeiten melden muss und dass Sie sich eine Genehmigung vorbehalten.

Achtung:

Diese Genehmigung dürfen Sie einem Mitarbeiter nur versagen, wenn:

- eine Beeinträchtigung des Hauptarbeitsverhältnisses wahrscheinlich ist oder
- gesetzliche Schutzvorschriften umgangen werden würden.

Das kann z. B. der Fall sein, wenn ein LKW-Fahrer neben einer Vollzeittätigkeit noch als Busfahrer arbeitet und damit die zulässigen Lenkzeiten überschreiten würde.

14.2 Meine Tipps

Tipp 1: Nebentätigkeiten müssen gemeldet werden

Nehmen Sie eine entsprechende Klausel in Ihre Arbeitsverträge auf. Auf diesem Weg können Sie von vorneherein festlegen, dass Ihnen eine Nebentätigkeit gemeldet werden muss. Eine entsprechende Musterklausel finden Sie auf der beiliegenden CD-ROM sowie unter 14.3.

Tipp 2: Zusatzvereinbarung treffen

Wenn Sie eine entsprechende Klausel nicht in Ihren Arbeitsverträgen verwenden, können Sie eine Zusatzvereinbarung über die Meldepflicht bei Nebentätigkeiten vereinbaren. Ein entsprechendes Vertragsmuster finden Sie auf der beiliegenden CD-ROM sowie unter 14.3.

14.3 Arbeitshilfen auf der CD-ROM

Übernehmen Sie die folgende Musterklausel in Ihre Arbeitsverträge.

Musterklausel Nebentätigkeit

Während der Dauer des Anstellungsverhältnisses ist jede Nebenbeschäftigung genehmigungspflichtig. Der Arbeitnehmer darf bei einer Nebentätigkeit nicht gegen erhebliche Interessen der Firma oder gegen Schutzgesetze verstoßen. Die Genehmigung kann weiter versagt werden, wenn durch die beabsichtigte Nebentätigkeit die Arbeitskraft des Arbeitnehmers für die Firma beeinträchtigt ist. Die Genehmigung ist jederzeit widerruflich.

Wenn Sie bislang in Ihren Arbeitsverträgen keine Nebentätigkeitsklausel verwendet haben, können Sie mit Ihren Mitarbeitern eine Zusatzvereinbarung schließen.

Muster Zusatzvereinbarung

Nebentätigkeitsgenehmigung

Zwischen.................... und .... wird in Ergänzung des Arbeitsvertrages vom .... folgende Zusatzvereinbarung getroffen:

Während der Dauer des Anstellungsverhältnisses ist jede Nebenbeschäftigung genehmigungspflichtig. Der Arbeitnehmer darf bei einer Nebentätigkeit nicht gegen erhebliche Interessen der Firma oder gegen Schutzgesetze verstoßen. Die Genehmigung kann weiter versagt werden, wenn durch die beabsichtigte Nebentätigkeit die Arbeitskraft des Arbeitnehmers für die Firma beeinträchtigt ist.

Die Genehmigung ist jederzeit widerruflich.

Ort, Datum: ....

....	....
Arbeitgeber	Arbeitnehmer

15 Allgemein verbindliche Tarifverträge gibt es nicht

Hier müssen Sie als Arbeitgeber aufpassen: Es gibt sehr wohl allgemein verbindliche Tarifverträge, die auch in Ihrem Betrieb Anwendung finden können, obwohl Sie sich dessen nicht bewusst sind. Mit einer so genannten Allgemeinverbindlicherklärung kann ein Tarifvertrag auch für Arbeitgeber und Arbeitnehmer verbindlich werden, die nicht bereits als Mitglieder der den Tarifvertrag abschließenden Verbände bzw. Gewerkschaften tarifgebunden sind.

Beispiel: Hier werden Tariflöhne bezahlt

Herr Schmidt betreibt ein kleines Hotel mit Gaststätte in Baden-Württemberg. Seit Jahr und Tag zahlt er die Löhne und Gehälter des Mantel-Tarifvertrags Hotel- und Gaststättengewerbe Baden-Württemberg. Er selbst ist nicht in einem Arbeitgeberverband organisiert, greift aber gerne in Gehaltsfragen auf den Tarifvertrag zurück, da er diese für ordentlich und fair erachtet. In Urlaubsfragen ist ihm der Tarifvertrag jedoch zu großzügig. Er räumt seinen Mitarbeitern deshalb nur den gesetzlichen Urlaubsanspruch ein. Ein Zimmermädchen meint, ihr Urlaubsanspruch richte sich nach dem Mantel-Tarifvertrag, sie habe deshalb Anspruch auf mehr als den gesetzlichen Mindesturlaub.

Nach § 5 Abs. 4 Tarifvertragsgesetz (TVG) werden durch eine Allgemeinverbindlicherklärung die Arbeitsverhältnisse der bisher nicht tarifgebundenen Arbeitgeber und Arbeitnehmer erfasst. Für unseren Beispielsfall heißt das, dass der Arbeitgeber auch in Urlaubsfragen den Tarifvertrag anwenden muss, da dieser allgemeinverbindlich ist. Mit dem In-Kraft-Treten der Allgemeinverbindlicherklärung wirken die Tarifnormen unmittelbar und zwingend auf die Arbeitsverhältnisse ein. Damit ist die Vereinbarung von untertariflichen Arbeitsbedingungen nicht mehr möglich. In unserem Beispiel müssen also die im Tarifvertrag vorgesehenen Urlaubstage gewährt werden.

> **Achtung:**
> Nur wenn die bisherigen Arbeitsbedingungen für die Arbeitnehmer günstiger waren, bleiben diese weiter wirksam, da im Verhältnis des allgemeinverbindlichen Tarifvertrags zu den bisherigen Arbeitsbedingungen das Günstigkeitsprinzip (§ 4 Abs. 3 TVG) gilt.

15.1 So finden Sie den „richtigen" Tarifvertrag!

Für Ihr Unternehmen gilt grundsätzlich kein Tarifvertrag, es sei denn, der in ihrem Bereich gültige Tarifvertrag wurde für allgemeinverbindlich erklärt oder Sie verweisen in Ihren Arbeitsverträgen auf den maßgeblichen Tarifvertrag. Um zu prüfen, ob ein Tarifvertrag anwendbar ist, müssen Sie zunächst den Geltungsbereich des Tarifvertrags untersuchen, der in

- räumlicher,
- betrieblich-fachlicher,
- persönlicher und
- zeitlicher

Hinsicht festgelegt wird.

15.2 Meine Tipps

Tipp 1: Aktuellen Tarifvertrag besorgen

Wenn Sie nicht sicher sind, ob es einen Tarifvertrag gibt, der für Ihre Branche für allgemeinverbindlich erklärt wurde, wenden Sie sich, auch wenn Sie dort nicht Mitglied sind, an den für Sie zuständigen Arbeitgeberverband. Dieser wird Ihnen die notwendigen Auskünfte gerne erteilen.
Zudem müssen allgemeinverbindliche Tarifverträge von den Tarifvertragsparteien – also vom Arbeitgeberverband bzw. von der Gewerkschaft – zum Selbstkostenpreis abgegeben werden. Bitten Sie daher darum, dass man Ihnen die aktuelle Ausgabe des einschlägigen Tarifvertrags zusendet.

Tipp 2: Aktuelles Verzeichnis beim BMAS

Die Homepage des Bundesministeriums für Wirtschaft und Soziales enthält unter http://www.bmas.bund.de ein aktuelles Verzeichnis der für allgemeinverbindlich erklärten Tarifverträge, das vierteljährlich erneuert wird.

Tipp 3: Mitarbeiter informieren

Wenn in Ihrem Betrieb ein Tarifvertrag Anwendung findet, sind Sie verpflichtet, ein Exemplar davon auszuhängen und zwar so, dass jeder Mitarbeiter Einblick nehmen kann. Ein geeigneter Platz ist oft das „Schwarze Brett".

15.3 Arbeitshilfen auf der CD-ROM

Wenn Sie die Fragen der folgenden Checkliste mit „JA" beantworten können und es handelt es sich um einen allgemeinverbindlichen Tarifvertrag, dann findet dieser in Ihrem Betrieb Anwendung.

Checkliste „Tarifvertrag"	ja	nein
• Ist im Tarifvertrag das geographische Gebiet genannt, in dem Ihr Betrieb liegt? • Ist der Wirtschaftsbereich, in dem Sie tätig sind (z. B. Druckindustrie, Groß- und Außenhandel usw.) vom Tarifvertrag erfasst? • Sind Arbeitnehmer, die bei Ihnen arbeiten, nach persönlichen Merkmalen im Tarifvertrag eingegrenzt (zum Beispiel nach Art der Tätigkeit, Umfang der Beschäftigung, Teilzeitarbeit, Vollzeitarbeit, Angestellte, Arbeiter oder Auszubildende)?		

16 Ohne schriftliche Vereinbarung gilt kein Tarifvertrag

Nein! Das BAG hat entschieden, dass auch eine stillschweigende Einbeziehung von Tarifverträgen möglich ist (BAG, Urteil vom 19.01.1999; Az.: 1 AZR 606/98). Darauf sollten Sie als Arbeitgeber im Umgang mit Tarifverträgen unbedingt achten.

Beispiel: Einfache Lösung mit Folgen

Die Spedition Maier ist nicht tarifgebunden. Trotzdem besorgt sich der Personalchef regelmäßig den einschlägigen aktuellen Tarifvertrag, um daraus die Lohn-, Urlaubs-, Entgeltfortzahlungs- und Sonderzahlungsregelungen zu entnehmen. Diese überträgt er der Einfachheit halber auf die Arbeitsverhältnisse der Spedition. Nur bei den Kündigungsfristen entscheidet sich der Personalchef für kürzere Fristen als die des Tarifvertrags. Ein Mitarbeiter, dem gekündigt wurde, verlangt jetzt, dass die längeren Fristen des Tarifvertrags eingehalten werden.

In den Arbeitsverträgen wurde zwar nicht ausdrücklich auf die tariflichen Regelungen Bezug genommen, trotzdem wurde der Tarifvertrag jedoch in wesentlichen Teilen auf die Arbeitsverhältnisse angewandt. Aus diesem Grund kann sich der Personalchef in unserem Beispiel auch nicht darauf berufen, dass kein Tarifvertrag verbindlich ist. Vielmehr wurde der Tarifvertrag stillschweigend einbezogen und muss deshalb auch bei den Kündigungsfristen und anderen Regelungen angewendet werden.

16.1 So nehmen Sie auf den Tarifvertrag Bezug

Der Inhalt von Tarifverträgen kann durch eine einzelvertragliche Vereinbarung zwischen Arbeitgeber und Arbeitnehmer Inhalt des Einzelarbeitsverhältnisses werden, wenn auf einen Tarifvertrag im Arbeitsvertrag Bezug genommen wird.

Keine der Vertragsparteien muss dabei Mitglied in einer der Tarifvertragsparteien (Arbeitgeberverband/Gewerkschaft) sein.
Solche Bezugnahmen sind nach dem Grundsatz der Vertragsfreiheit zulässig und auch in der Praxis üblich. Die im Tarifvertrag vereinbarten Regelungen gelten dann als arbeitsvertragliche Bestimmung im Verhältnis zwischen Arbeitnehmer und Arbeitgeber. Was für Sie jedoch vorteilhaft ist: Durch die Verweisung auf einen Tarifvertrag wird keine Tarifbindung herbeigeführt.

Achtung:
Wenn Sie als Arbeitgeber in Ihren Verträgen nicht ausdrücklich Bezug auf einen Tarifvertrag nehmen, trotzdem aber für längere Zeit einen Tarifvertrag auf die Arbeitsverhältnisse vorbehaltlos anwenden, kann es zu einer stillschweigenden Übernahme des gesamten Inhalts der Tarifvertrages kommen.

16.2 Meine Tipps

Tipp 1: Bezugnahme schriftlich fixieren

Aus Gründen der Rechtsklarheit und um nicht in Beweisschwierigkeiten zu kommen, empfehle ich Ihnen, die einzelvertragliche Verweisung auf einen Tarifvertrag stets schriftlich sowie klar und deutlich zu vereinbaren.
Führen Sie in Ihren Arbeitsverträgen zumindest auf, welcher Tarifvertrag und welche einzelnen Bestimmungen daraus auf Ihre Arbeitsverhältnisse Anwendung finden.

Tipp 2: Auswirkungen beachten

Doch Vorsicht: Bevor Sie in Ihren Arbeitsverträgen auf einen Tarifvertrag verweisen, obwohl Sie nicht tarifgebunden sind, bedenken Sie doch bitte, dass Sie eine solche Vereinbarung nur einvernehmlich mit den Arbeitnehmern wieder ändern bzw. beseitigen können. Wollen Sie den Bezug auf den Tarifvertrag wieder loswerden, muss der Arbeitnehmer mit der Streichung aus dem Arbeitsvertrag einverstanden sein und Ihnen diese Änderung unterschreiben. Weigert er sich, bleibt Ihnen nur eine Änderungskündigung.

Tipp 3: Einzelne Regelungen anwenden

Wenn Sie eine oder mehrere Regelungen eines Tarifvertrags anwenden wollen, sollten Sie an entsprechender Stelle im Arbeitsvertrag darauf hinweisen. Als Beispiel hier eine Musterformulierung für Vergütung, die nach dem Vorbild des Tarifvertrags erfolgen soll: *„Die Vergütung richtet sich nach Tarifgruppe ...... des Vergütungstarifvertrags für .... (personeller und räumlicher Geltungsbereich des in Bezug genommenen Tarifvertrags).“* Der räumliche Geltungsbereich kann je nach Tarifvertrag z. B. ein ganzes Bundesland, eine bestimmte, geographisch eingrenzbare Region sein oder – wenn es sich um einen Firmentarifvertrag handelt – ein Unternehmen mit allen angeschlossenen Betrieben. Der personelle Geltungsbereich eines Tarifvertrags beschreibt, für welche Arbeitnehmergruppen er gelten soll. Beispielsweise sind in aller Regel die leitenden Angestellten von der Geltung eines Tarifvertrags ausgeschlossen. Entgelttarifverträge und Vergütungsordnungen finden beispielsweise keine Anwendung auf Angestellte mit herausgehobener Stellung. Diese sogenannten außertariflich Angestellten arbeiten in einem Entgeltbereich, den der Tarifvertrag nicht regeln will.

Tipp 4: Tarifvertrag vollständig einbeziehen

Wollen Sie einen Tarifvertrag vollständig auf Ihre Arbeitsverhältnisse anwenden, ohne dass Sie tarifgebunden sind, können Sie folgende Musterformulierung einsetzen: *„Auf das Arbeitsverhältnis findet der ... (genaue Bezeichnung des entsprechenden Tarifvertrags wie z. B. der Manteltarifvertrag für die Angestellten des Baugewerbes) in seiner jeweils gültigen Fassung Anwendung.“*

Fallen und Irrtümer in Gehaltsfragen

17 Jeder Mitarbeiter hat Anspruch auf ein 13. Monatsgehalt

Nein, das ist nicht richtig! Ein allgemeiner Anspruch auf ein 13. Gehalt ergibt sich weder aus dem Gesetz noch aus Gewohnheitsrecht. Er muss direkt im Arbeitsvertrag, Tarifvertrag oder in einer Betriebsvereinbarung geregelt sein. Aber Vorsicht: Ein 13. Gehalt ist kein Weihnachtsgeld. Hier muss strikt zwischen einem reinen Vergütungsbestandteil und einer Gratifikation unterschieden werden.

Beispiel: Bei Krankheit wird nicht gezahlt

Die Spedition Maier hat folgenden Passus in ihren Arbeitsverträgen: „Der Arbeitnehmer erhält für seine Tätigkeit ein Bruttogehalt von monatlich 2700 , das jeweils unter Berücksichtigung der gesetzlichen Abzüge am Monatsende überwiesen wird. Zum Jahresende wird ein 13. Monatsgehalt gezahlt." Der Personalchef sieht in dieser Zahlung keine Gratifikation, sondern einen leistungsbezogenen Vergütungsbestandteil. Dieser wird seiner Meinung nach nur dann fällig, wenn die Mitarbeiter auch gearbeitet haben.

Mitarbeiter X war das ganze Jahr über auf Grund eines schweren Unfalls krank, ihm wird daher das 13. Gehalt in diesem Jahr nicht überwiesen.

Die Auslegung der vertraglichen Vereinbarung in unserem Beispielsfall ergibt, dass es sich um ein „echtes“ 13. Gehalt handelt. Somit ist es Bestandteil der Vergütung und keine Gratifikation. Da der Mitarbeiter wegen der Krankschreibung in diesem Jahr nicht gearbeitet hat, musste der Arbeitgeber für diese Zeit auch keine Entgeltfortzahlung leisten. Aus diesem Grund durfte er auch das 13. Gehalt einbehalten. Eine Gratifikation hingegen hätte der Arbeitgeber unter Umständen – je nach Vereinbarung –zahlen müssen. Diese sollen z. B. einen Anreiz schaffen oder werden auf Grund der Weihnachtstage gezahlt. Sie sehen, die Unterscheidung ist auf Grund der unterschiedlichen Konsequenzen für den Arbeitgeber wichtig.

17.1 Wodurch unterscheiden sich Vergütung und Gratifikation?

Ein 13. Gehalt wird sowohl von Arbeitnehmern als auch Arbeitgebern oft mit einer Gratifikation verwechselt. Die Unterscheidung ist dabei auch nicht ganz einfach.

Ein „echtes“ 13. Gehalt ist nichts anderes als *Arbeitsentgelt.* Es wird als Vergütungsbestandteil in den jeweiligen Abrechnungsmonaten verdient, aufgespart und dann erst am vereinbarten Fälligkeitstermin ausgezahlt. Auf die wörtliche Bezeichnung als 13. Gehalt in Ihren Arbeitsverträgen kommt es dabei nicht an. Wesentlich ist, welchen Zweck Sie mit der Zahlung tatsächlich verfolgen. Ergibt die Auslegung der Vereinbarung, dass nur eine zusätzliche Vergütung für geleistete Arbeit in einem bestimmten Zeitraum gewollt ist, handelt es sich um ein 13. Gehalt. Wollen Sie als Arbeitgeber *aber zusätzlich und freiwillig* z. B. aus besonderem Anlass (Weihnachten, Jubiläum, Betriebstreue usw.) eine Sonderzahlung leisten, dann handelt es sich um eine Gratifikation. Diese Unterscheidung ist wichtig, da eine Gratifikation anders als ein 13. Gehalt zu behandeln ist.

Achtung:

Handelt es sich um einen „echten" Gehaltsbestandteil, hat das verschiedene Konsequenzen:

- Es besteht kein Anspruch auf die Zahlung für Zeiten, in denen das Arbeitsverhältnis z. B. wegen Elternzeit oder Wehrdienst ruht. Da die Zahlung arbeitsleistungsbezogen ist, entfällt sie, wenn keine Arbeitsleistung erbracht wird.
- Für Zeiten, in denen bei Arbeitsunfähigkeit infolge Krankheit kein Entgeltfortzahlungsanspruch mehr besteht, entsteht folglich auch kein anteiliger Anspruch auf das 13. Monatsgehalt.

Eine gesonderte arbeitsvertragliche Kürzungsvereinbarung müssen Sie für diesen Fall nicht treffen. Aber: Solange der Mitarbeiter sein regelmäßiges Entgelt bezieht – auch wenn er nicht arbeitet – besteht auch Anspruch auf das 13. Gehalt. Sie als Arbeitgeber dürfen das 13. Gehalt also nicht für Zeiten des Urlaubs oder der Krankheit mit Entgeltfortzahlung kürzen.

17.2 Meine Tipps

Tipp 1: Mit dem 13. Gehalt müssen Sie rechnen

Wenn Sie ein „echtes“ 13. Gehalt vereinbaren, ist dies keine freiwillige Leistung Ihrerseits. Sie können diese Leistung nicht widerrufen, da es sich um einen Vergütungsbestandteil handelt. Auch in wirtschaftlich schlechten Zeiten lässt sich daran einseitig nichts ändern. Ihr Vorteil: Mit den Kosten eines 13. Gehalts können und müssen Sie fest rechnen. Nutzen Sie folgende Musterformulierung für Ihre Verträge: „*Der Arbeitnehmer erhält eine monatliche Bruttovergütung in Höhe von ... EUR und zusätzlich ein weiteres 13. Monatsgehalt in Höhe von ... EUR, das mit dem Novembergehalt ausbezahlt wird. Für jeden vollen Monat eines Kalenderjahrs, in dem das Arbeitsverhältnis besteht, steht dem Arbeitnehmer 1/12 des 13. Monatsgehalts zu.*“

Tipp 2: Es ist kein durchschnittlicher Verdienst

Ein Anspruch auf ein 13. Monatsgehalt kann sich aus Tarifvertrag oder Einzelvertrag ergeben. Es ist Arbeitsentgelt, gehört aber z. B. ebenso wie eine Weihnachtsgratifikation oder eine Jahresabschlussvergütung nicht zum durchschnittlichen Arbeitsverdienst im Sinne des § 11 BUrlG. Bei der Berechnung des Urlaubsentgelts bleibt es also außer Betracht – Sie legen hier nur 12 Gehälter zugrunde.

Tipp 3: Wenn ein Mitarbeiter ausscheidet

Sie haben in Ihren Arbeitsverträgen ein 13. Monatsgehalt vereinbart. Wird nun ein Arbeitsverhältnis im Laufe des Jahres beendet, so steht dem Arbeitnehmer im Zweifel das 13. Monatsgehalt anteilig zu. Dieser Teilanspruch ist aber, wenn Sie nichts anderes vereinbart haben, erst an dem Tag fällig, an dem auch bei Verbleiben im Betrieb das 13. Monatsgehalt gezahlt worden wäre.
Ich möchte Ihnen das an folgendem Beispiel erläutern: Einer Ihrer Mitarbeiter scheidet zum 1.4. aus Ihrem Unternehmen aus. Der Arbeitnehmer hat damit einen Anspruch auf eine anteilige Vergütung in Höhe von 3/12 eines Gehalts.

In Ihrer Firma wird das 13. Gehalt jedoch regelmäßig mit der Novembervergütung gezahlt. Das bedeutet, Sie müssen dem ausscheidenden Mitarbeiter das anteilige 13. Monatsgehalt nicht zum Ende seines Arbeitsverhältnisses zahlen, sondern erst im November.

Tipp 4: Die Voraussetzungen bestimmen Sie

Wenn Sie als Arbeitgeber ein dreizehntes Monatsgehalt zusagen, das zumindest auch die Betriebstreue honoriert, können Sie auch die Voraussetzungen bestimmen, unter denen der Arbeitnehmer den Anspruch haben soll. Vor allem können Sie festlegen, dass das 13. Monatsgehalt nur solchen Arbeitnehmern gezahlt wird, die an einem bestimmten Stichtag noch in einem Arbeitsverhältnis zu Ihrem Betrieb stehen (so genannte Stichtagsklausel).
Eine Stichtagsklausel können Sie wie folgt formulieren: „*Mit dem Dezembergehalt wird eine Jahressonderzahlung in Höhe von ... EUR gezahlt, es sei denn, der Arbeitnehmer ist bis zum ... durch Eigenkündigung oder außerordentliche Kündigung des Arbeitgebers aus dem Betrieb ausgeschieden.*“

18 Jeder Mitarbeiter hat Anspruch auf Weihnachtsgeld

Auch das stimmt nicht! Gratifikationen werden regelmäßig zu bestimmten Anlässen wie Weihnachten, Urlaub oder Jubiläen *freiwillig* gezahlt. Einen gesetzlichen Anspruch darauf gibt es nicht. Den Zweck, den Sie verfolgen, kann im Einzelfall verschieden sein. In der Regel geht es aber um die Belohnung oder Förderung der Betriebstreue.

Gratifikationen sind damit *kein Arbeitsentgelt*, auf das der Arbeitnehmer einen Anspruch hat – das Sie nicht ausschließen oder rückgängig machen können (siehe dazu oben unter Kapitel 17). Aber auch hier rate ich Ihnen zur Vorsicht: Ein unabdingbarer Anspruch auch auf das Weihnachtsgeld kann auf Grund einer betrieblichen Übung entstehen.

Beispiel: Freiwillig und doch nicht freiwillig

Die Spedition Maier zahlt seit Jahrzehnten jedem Mitarbeiter ein Weihnachtsgeld. Das vergangene Jahr lief allerdings schlecht, so dass sich die Geschäftsleitung entschlossen hat, folgenden Aushang am „Schwarzen Brett" zu platzieren: *„Liebe Mitarbeiterinnen, liebe Mitarbeiter, wir müssen Ihnen leider die Mitteilung machen, dass in diesem Jahr kein Weihnachtsgeld gezahlt werden kann. Nach reiflicher Überlegung und betriebswirtschaftlicher Prüfung ist die Geschäftsleitung zu dem Ergebnis gekommen, dass aus wirtschaftlichen Gründen eine Zahlung des Weihnachtsgeldes nicht möglich ist. Zudem würden die Banken aufgrund der angespannten Wirtschaftssituation auch keine finanziellen Mittel zur Verfügung stellen. Sollte die wirtschaftliche Entwicklung in den nächsten Jahren wieder positiver sein, werden wir unseren Mitarbeitern selbstverständlich alle Vergünstigungen, wie gehabt, wieder zukommen lassen.*

Mit diesem Aushang wird die Spedition Maier nichts erreichen. Sie ist nach wie vor verpflichtet, den Mitarbeitern das Weihnachtsgeld zu zahlen. Arbeitsgerichtliche Auseinandersetzungen um diese Zahlungen würde die Spedition verlieren, da die Mitarbeiter einen Anspruch auf das Weihnachtsgeld auf Grund der betrieblichen Übung erhalten haben.

18.1 Vorsicht vor betrieblicher Übung

Ein Anspruch auf eine Gratifikation wie z. B. das Weihnachtsgeld besteht nur, wenn hierfür eine besondere Rechtsgrundlage vorhanden ist. Als Anspruchsgrundlagen kommen in Betracht:

- Einzelvertragliche Abreden,
- Tarifverträge,
- Betriebsvereinbarungen,
- betriebliche Übung und
- der arbeitsrechtliche Gleichbehandlungsgrundsatz.

Besondere Vorsicht ist bei der betrieblichen Übung geboten. Ein Rechtsanspruch des Arbeitnehmers auf eine Gratifikation entsteht häufig stillschweigend durch die betriebliche Übung und ist damit oft ungewollt. Die betriebliche Übung ist gesetzlich nicht geregelt, sondern ein Rechtsinstitut, das von der Rechtsprechung allgemeingültig entwickelt wurde. Unter einer betrieblichen Übung wird die regelmäßige Wiederholung bestimmter Verhaltensweisen des Arbeitgebers verstanden, aus denen die Arbeitnehmer schließen dürfen, ihnen solle eine Leistung oder eine Vergünstigung auf Dauer gewährt werden. Daraus, dass die Arbeitnehmer diese Leistungen stillschweigend annehmen, erwachsen vertragliche Ansprüche auf die üblich gewordene Vergünstigung. Dabei kommt es nicht darauf an, dass Sie als Arbeitgeber sich vielleicht gar nicht mehr verpflichten wollen. Entscheidend ist, wie Ihre Erklärung vom Arbeitnehmer verstanden werden musste und durfte. Ist eine betriebliche Übung erst einmal entstanden, begründet sie eine vertragliche Anspruchsgrundlage auch für neu eintretende Arbeitnehmer.

Achtung:

Der zur gefestigten, ständigen Rechtsprechung gewordene Grundsatz lautet: Hat ein Arbeitgeber wiederholt und vorbehaltlos eine Gratifikation gewährt, so ist er nach dreimaliger vorbehaltloser Gewährung für die Zukunft gebunden.

Im Beispielsfall haben die Arbeitnehmer also einen Rechtsanspruch erworben, der nicht einfach wieder durch einen Anschlag oder ein Rundschreiben beseitigt werden kann. Die Verpflichtung zur Zahlung einer Gratifikation werden Sie in einem solchen Fall nur wieder los, wenn

- die Arbeitnehmer sich auf die Änderung einlassen und verzichten,
- im Wege der Änderungskündigung oder
- wenn Sie eine neue betriebliche Übung schaffen.

Die Hürden, die das BAG beim Abbau von sozialen Leistungen durch Änderungskündigung aufstellt, sind allerdings sehr hoch.

So werden Sie eine betriebliche Übung wieder los

Geben Sie über den Zeitraum von drei Jahren zu erkennen, dass Sie eine betriebliche Übung anders zu handhaben gedenken als bisher, nämlich die Gratifikationszahlung künftig nur noch unter *Freiwilligkeitsvorbehalt* gewähren, wird die alte Übung einvernehmlich entsprechend geändert. Die Arbeitnehmer dürfen jedoch der neuen Handhabung über einen Zeitraum von 3 Jahren nicht widersprechen. Auch wenn umstritten ist, ob man so verfahren kann und die Gerichte nicht einheitlich in diesem Sinne entscheiden, sollten Sie es zumindest versuchen. Die anderen Wege, eine betriebliche Übung wieder abzuschaffen, sind sehr viel beschwerlicher.

Freiwilligkeitsvorbehalt: So beugen Sie der betrieblichen Übung vor

Eine Bindung für die Zukunft verhindern Sie nur durch eine entsprechende klare und eindeutige Vereinbarung. Optimalen Schutz vor einer unerwünschten betrieblichen Übung bietet dabei nur ein rechtswirksamer Freiwilligkeitsvorbehalt. Vor allem sollte nicht nur zum Ausdruck kommen, dass die Zahlung freiwillig und ohne Anerkennung einer Rechtspflicht erfolgt, sondern auch, dass wiederholte Zahlungen keinen Rechtsanspruch begründen.

So wird das Entstehen einer betrieblichen Übung von vornherein verhindert. Sie können dann in jedem Jahr erneut darüber entscheiden, ob, unter welchen Voraussetzungen und an welche Arbeitnehmer eine Gratifikation gezahlt werden soll. Eine entsprechende Musterformulierung für einen Freiwilligkeitsvorbehalt finden Sie auf der beiliegenden CD-ROM sowie unter 18.3.

18.2 Meine Tipps

Tipp 1: Unmissverständlich formulieren

Vereinbaren Sie ausdrücklich, dass das Arbeitsverhältnis zu einem bestimmten Stichtag ungekündigt bestehen muss. Die Vereinbarung eines Weihnachtsgeldes im Arbeitsvertrag kann durchaus so verstanden werden, dass ein Anspruch nur gegeben sein soll, wenn auch das Arbeitsverhältnis zu Weihnachten noch besteht. Der Begriff Weihnachtsgeld allein kann jedoch auch als eine Fälligkeitsregelung ausgelegt werden, sodass der Bestand des Arbeitsverhältnisses zu Weihnachten nicht Anspruchsvoraussetzung ist. Geben Sie daher in jedem Fall einer ausdrücklichen Vereinbarung den Vorzug. Eine beispielhafte Formulierung finden Sie unter 18.3.

Tipp 2: Was gilt bei Elternzeit und Wehrdienst?

Regeln Sie in Ihren Arbeitsverträgen klar und deutlich, dass im Falle des Ruhens des Arbeitsverhältnisses (z. B. bei Elternzeit, Wehrdienst, freiwilliges soziales Jahr usw.) kein Anspruch auf das Weihnachtsgeld besteht.

18.3 Arbeitshilfen auf der CD-ROM

Wenn Sie Gratifikationen zahlen wollen, sollten Sie diese unbedingt unter einen Freiwilligkeitsvorbehalt stellen. Übernehmen Sie diese Musterformulierung einfach in Ihre Textverarbeitung.

Freiwilligkeitsvorbehalt

Der Arbeitnehmer *erhält unter der Voraussetzung, dass am Auszahlungstag ein ungekündigtes Arbeitsverhältnis besteht, eine Weihnachtsgratifikation in Höhe von ... EUR, zahlbar mit der Vergütung für den Monat November. Die Zahlung der Gratifikation erfolgt freiwillig ohne Anerkennung einer Rechtspflicht. Auch aus wiederholten Zahlungen können Ansprüche für die Zukunft nicht hergeleitet werden.*

19 Wer kündigt, muss sein Weihnachtsgeld zurückzahlen

Grundsätzlich besteht bei einer Weihnachtsgratifikation keine Pflicht zur Rückzahlung. Etwas anderes gilt jedoch, wenn eine Rückzahlung vereinbart wurde.

Beispiel: Weihnachtsgeld lässt auf sich warten

Bei der Spedition Maier sehen die Arbeitsverträge in punkto Weihnachtsgratifikation folgende Regelung vor: *„Der Arbeitnehmer erhält eine Weihnachtsgratifikation in Höhe eines halben Monatsgehalts, zahlbar Ende November eines Jahres."* Anfang November kündigt ein Mitarbeiter. Die Spedition zahlt die Weihnachtsgratifikation nicht mehr aus.

Bei der Vereinbarung der Spedition Maier handelt es sich um eine Gratifikationszusage ohne jede Einschränkung. Diese ist regelmäßig nicht zu empfehlen. Zum gefährdet sie, wenn sie ohne Rücksicht auf den Bestand des Arbeitsverhältnisses gewährt wird, die Erreichung des Zwecks einer Gratifikation. Zum anderen bindet sich die Spedition möglicherweise hierdurch für die Zukunft.
Von solchen Vereinbarungen sollten Sie generell absehen. In unserem Beispielfall muss die Spedition die Weihnachtsgratifikation nachzahlen – ganz gleich, ob ein Mitarbeiter das Unternehmen verlässt hat oder nicht.

Achtung:
Eine Gratifikation ist dadurch gekennzeichnet, dass sie vom Arbeitgeber zusätzlich zum Arbeitsentgelt, freiwillig und zur Erreichung besonderer Zwecke gewährt wird. Ihrem jeweiligen Zweck entsprechend wird sie regelmäßig aus besonderem Anlass (Weihnachten, Urlaub, Jubiläum) gezahlt. Der Zweck der Gratifikation kann Anerkennung für geleistete Dienste (erwiesene Betriebstreue) und Anreiz für zukünftige Leistungen (zukünftige Betriebstreue) sein.

Sie als Arbeitgeber können frei darüber entscheiden, ob Sie überhaupt eine Gratifikation gewähren wollen. Ebenso steht es Ihnen offen, im Rahmen des arbeitsrechtlichen Gleichbehandlungsgrundsatzes den Kreis der Begünstigten und die Voraussetzungen für den Anspruch auf die Gratifikation zu bestimmen. Gratifikationen unterliegen besonderen Anspruchsvoraussetzungen und sind damit kein Arbeitsentgelt.

19.1 So lauten die Grundregeln des BAG

Gratifikationen werden häufig mit einer Rückzahlungspflicht für den Fall gekoppelt, dass der Arbeitnehmer zu einem bestimmten Zeitpunkt in der Zukunft ausscheidet. Solche Rückzahlungsverpflichtungen lässt das BAG nur in eingeschränktem Umfang zu. Dabei ist vor allem nach der Höhe der Gratifikation zu differenzieren:

- Bis zu 100 EUR kann eine Rückzahlungsverpflichtung nicht mehr rechtswirksam vereinbart werden.
- Bei Gratifikationen, die über 100 EUR, aber unter einem Monatsgehalt liegen, kann dem Arbeitnehmer zugemutet werden, eine Rückzahlungsklausel bis zum 31.3. des Folgejahres einzuhalten.
- Erreicht die Gratifikation die Höhe eines Monatsbezuges, so ist es dem Arbeitnehmer zumutbar, auf eine Kündigung bis zum 31.3. des nächsten Jahres zu verzichten und erst zum nächst möglichen Termin zu kündigen. Das BAG rechnet in Monaten, so dass z. B. bei einem Auszahlungszeitpunkt am 31.1. der Arbeitnehmer bei einer Kündigung zu einem drei Monate später liegenden Stichtag, also zum 30.4., die Gratifikation nicht zurückzahlen muss.

Achtung:

Weitere Kündigungsmöglichkeiten, in der Regel bis zum 30.6. des Folgejahres, können Sie nur durch eindrucksvollere Gratifikationen dem Mitarbeiter „abkaufen". Ein nur geringfügiger Zuschlag zum Monatsbezug kann keine längere Bindungsdauer auslösen. Scheidet der Mitarbeiter während des zulässigen Bindungszeitraums aus, muss er Ihnen die Gratifikation in voller Höhe zurückzuzahlen.

Wenn Sie z.B. eine Gratifikation in Höhe von zwei Monatsgehältern zahlen, können Sie vom Arbeitnehmer verlangen, dass er bis zum 30.9. betriebszugehörig bleibt, wenn er seine gesamte Gratifikation behalten möchte. Für die Fälle, in denen der Arbeitnehmer früher ausscheidet, können Sie folgende gestaffelte Rückzahlungspflicht vereinbaren:

- Wer bis zum 31.3. ausscheidet, zahlt 1,5 Monatsgehälter zurück.
- Wer bis zum 30.6. ausscheidet, zahlt 1 Monatsgehalt zurück.
- Wer bis zum 30.9. ausscheidet, zahlt 0,5 Monatsgehälter zurück.

19.2 Meine Tipps

Tipp 1: Eingeschränkte Rückzahlungspflicht beachten

Nutzen Sie folgende Formulierung für Ihre Rückzahlungsklausel: *„Sollte ein Weihnachtsgeld gezahlt werden, so ist der Arbeitnehmer verpflichtet, dieses zurückzuzahlen, wenn er auf eigenen Wunsch oder durch Kündigung bis zum 31.3. des auf die Auszahlung folgenden Kalenderjahres oder, sofern die Sonderzahlung ein Monatsgehalt übersteigt, bis zum 30.6. des folgenden Kalenderjahres ausscheidet. Dies gilt nicht, wenn er auf Grund betriebsbedingter Kündigung des Arbeitgebers aus scheidet."*

Tipp 2: Freiwilligkeitsvorbehalt

Vereinbaren Sie stets, dass die Gratifikation freiwillig gezahlt wird. Damit können Sie eine Bindung für die Zukunft vermeiden. Eine entsprechende Musterformulierung finden Sie im Kapital 18. und auf der beiliegenden CD-ROM.

Tipp 3: Pfändungsfreigrenzen beachten

Eine Sonderzuwendung wie die Gratifikation ist kein Gehaltsvorschuss. Scheidet also ein Mitarbeiter aus und Sie wollen mit der letzten Gehaltszahlung Ihren Anspruch auf Rückzahlung der Gratifikation verrechnen, dann finden die Pfändungsfreigrenzen Anwendung. Eine Übersicht finden Sie auf der beiliegenden CD-ROM.

20 Jeder Mitarbeiter hat Anspruch auf Urlaubsgeld

Das ist so nicht ganz richtig! Jeder Mitarbeiter hat Anspruch auf das *Urlaubsentgelt*, das als Gehaltsfortzahlung für die Dauer des Urlaubs zu leisten ist. Ein darüber hinausgehendes Urlaubsgeld kann ein Mitarbeiter nur dann beanspruchen, wenn es dafür eine besondere Vereinbarung im Arbeits- oder Tarifvertrag bzw. in einer Betriebsvereinbarung gibt. Einen gesetzlichen Anspruch auf Urlaubsgeld gibt es jedenfalls nicht.

Beispiel: Urlaubsgeld für alle

In der Spedition Maier wird schon immer Urlaubsgeld gezahlt – allerdings nur an Verwaltungsmitarbeiter, die Fahrer erhalten kein Urlaubsgeld. Ein neu eingestellter Fahrer beschwert sich, als er davon erfährt.

In Zusammenhang mit dem Urlaubsgeld ist vor allem die Grundsätze über die so genannte betriebliche Übung zu beachten. (Auf dieses Thema bin ich eben in Kapitel 18 „Jeder hat Anspruch auf Weihnachtsgeld" näher eingegangen.) Der so genannte arbeitsrechtliche Gleichbehandlungsgrundsatz spielt hier jedoch auch eine Rolle.

20.1 Alle Mitarbeiter sind gleich

Nach ständiger Rechtsprechung des Bundesarbeitsgerichts ist es Ihnen als Arbeitgeber verboten, einzelne Arbeitnehmer oder Gruppen von Arbeitnehmern ohne sachlichen Grund von allgemein begünstigenden Regelungen auszunehmen und somit schlechter zu stellen. Das Urlaubsgeld wird gezahlt, um zu den Mehraufwendungen des Arbeitnehmers, die anlässlich des Urlaubs entstehen, einen Beitrag zu leisten. Der Arbeitnehmer soll also für die Urlaubszeit über mehr verfügen können, als über sein übliches Einkommen. Dieser Gedanke dürfte für alle Arbeitnehmer eines Betriebs gleichermaßen gelten. Die Spedition Maier geht hier also falsch vor: Entweder sie zahlt allen Mitarbeitern ein Urlaubsgeld oder keinem .

20.2 Meine Tipps

Tipp 1: Keine sachlichen Unterschiede machen

Der Gleichbehandlungsgrundsatz schreibt vor, dass Urlaubsgeld nur allen oder eben keinem Arbeitnehmer gewährt werden kann. Da alle Arbeitnehmer einen gesetzlichen Anspruch auf Urlaub haben, können Sie bzgl. des Urlaubsgeldes wohl kaum sachlich zwischen einzelnen Arbeitnehmern unterscheiden. Vorsicht ist hier vor allem seit der Einführung des Allgemeinen Gleichbehandlungsgesetzes geboten. Unter Umständen müssen Sie sonst sogar mit Schadenersatzansprüchen rechnen.

Tipp 2: Besonderheiten bei Minijobbern

Wenn ein Anspruch auf Urlaubsgeld besteht, ist diese Einmalzahlung als Arbeitsentgelt zu werten und auch so abzurechnen. Das heißt: Urlaubsgeld ist lohnsteuer- und sozialversicherungspflichtiges Entgelt. Vor allem bei den Minijobs müssen Sie darauf achten, dass mit der Zahlung des Urlaubsgelds nicht die Geringfügigkeitsgrenze überschritten wird.

20.3 Arbeitshilfen auf der CD-ROM

Nutzen Sie folgende Musterformulierung für Ihre Arbeitsverträge:

Musterklausel Urlaubsgeld

Der Arbeitnehmer erhält ohne Rechtsanspruch ein Urlaubsgeld in Höhe von ..... EUR, auszahlbar mit der Vergütung für den Monat .... . Die Zahlung eines Urlaubsgeldes sowie von etwaigen weiteren Sondervergütungen (wie z. B. Weihnachtsgeld usw.) erfolgt in jedem Einzelfall freiwillig und ohne Begründung eines Rechtsanspruchs für die Zukunft.

21 Bei schlechter Leistung darf ich das Gehalt kürzen

Nein! Grundsätzlich gilt: „Keine Entgeltminderung bei Schlechtleistung". Der Arbeitnehmer schuldet Ihnen nur seine Arbeitsleistung, nicht jedoch den darauf beruhenden Erfolg.

Beispiel: Bei Ausschuss droht Gehaltskürzung

Im Automobilzuliefererbetrieb Müller werden am Band filigrane Teile zusammengesteckt. Wer hierbei nicht sorgfältig vorgeht, zerbricht die Teile oder kommt nicht zum gewünschten Ergebnis. Ein Mitarbeiter produziert verstärkt solchen Ausschuss, gemessen am Arbeitsergebnis seiner Kollegen. Der Betrieb kürzt ihm das Gehalt um 20 Prozent.

Da der Arbeitnehmer nur seine Dienste, nicht aber einen konkreten Arbeitserfolg schuldet, kann der Arbeitgeber im Hinblick auf eine Schlecht- oder Minderleistung das Arbeitsentgelt nicht kürzen. Auch eine kostenlose Nachleistung mangelfreier Arbeit, so wie bei einem Werkvertrag üblich, ist nicht möglich.

21.1 Eine beschränkte Haftung ist möglich

Trotzdem kann der Arbeitnehmer für die Folgen seines Verhaltens einstehen. Eine Haftung – insbesondere gegenüber Arbeitgebern – kann sich ergeben, wenn gegen arbeitsvertragliche Pflichten verstoßen wurde, z. B. auf Grund von:

- Schlechtleistung,
- mangelnder Arbeitsqualität,
- Produktion von Ausschuss,
- Vernachlässigung von Obhutspflichten,
- Diebstahl oder Unterschlagung,
- Beschädigung von Maschinen oder Fahrzeugen.

Eine Gehaltskürzung ist also nicht möglich, aber Sie können als Arbeitgeber den Ihnen entstandenen Schaden (z. B. Reparaturaufwand, zusätzliche Kosten für Material oder Personal usw.) geltend machen.

Achtung:
Die Haftung Ihres Arbeitnehmers ist eingeschränkt. Bei jeder Art von betrieblich veranlasster Tätigkeit tritt eine arbeitsrechtliche Haftungsmilderung ein. Differenziert wird vor allem nach dem Grad des Verschuldens des Arbeitnehmers:

- leichteste Fahrlässigkeit: keine Haftung,
- mittlere Fahrlässigkeit: anteilige Haftung nach den Umständen des Einzelfalles,
- grobe Fahrlässigkeit: in der Regel volle Haftung,
- Vorsatz: volle Haftung.

Um jedem Einzelfall gerecht zu werden, tendiert die Rechtsprechung dazu, bei der Bildung der Haftungsquote eine Vielzahl weiterer Aspekte zu berücksichtigen. Je nach den Gegebenheiten des Falls kann dies zu einer Milderung oder Verschärfung der Haftung führen.

21.2 Meine Tipps

Tipp 1: Vollkaskoversicherungen abschließen

Häufig entstehen Schäden im Zusammenhang mit Fahrzeugen, die Sie Ihren Mitarbeitern überlassen. Bei einem LKW kann es hier leicht zu erheblichen Schadenssummen kommen. Achten Sie darauf, dass Sie für alle Fahrzeuge Vollkaskoversicherungen abschließen. Im Schadensfall werden Sie nämlich so behandelt, als würde eine Vollkaskoversicherung vorliegen. Der Abschluss einer Vollkaskoversicherung wird regelmäßig als für den Arbeitgeber zumutbar angesehen. Deshalb reduziert sich hier die anteilige Haftung des Arbeitnehmers in der Regel auf die übliche Selbstbeteiligung.

Tipp 2: Abmahnung statt Schadenersatzklage

Oft lohnt es sich jedoch nicht, eine Schadenersatzklage anzustrengen. Um dem Arbeitnehmer aber Grenzen aufzuzeigen, sollten Sie zumindest das arbeitsrechtliche Instrument „Abmahnung“ einsetzen. Jedes schadenverursachende Fehlverhalten des Arbeitnehmers kann Gegenstand einer Abmahnung sein. Im Wiederholungsfall können Sie auch die Kündigung aussprechen.

21.3 Arbeitshilfen auf der CD-ROM

So wie im folgenden Muster können auch Sie Ihrem Arbeitnehmer zeigen, dass Sie mit seiner Schlechtleistung nicht zufrieden sind.

Abmahnung wegen Schlechtleistungen

Sehr geehrte Frau ....,

wir haben Sie wiederholt darauf angesprochen, dass Ihre Rechtschreibung sehr zu wünschen übrig lässt. Am .... haben Sie Herrn Müller ein zweiseitiges Schreiben zur Unterzeichnung vorgelegt, das 17 Rechtschreib- und Interpunktionsfehler enthielt. Der vorgelegte Text ist diesem Schreiben als Anlage beigefügt.

Außerdem mussten wir feststellen, dass Ihre Schreibgeschwindigkeit im Vergleich zu Ihren beiden Kolleginnen erheblich abfällt. Frau Bader und Frau Menzel erledigen in einer Woche im Durchschnitt eine Korrespondenz von etwa 250 Seiten, während Ihr Arbeitspensum im vergleichbaren Zeitraum bei 150 Seiten liegt. Diese Werte haben wir zuletzt in der 7. Kalenderwoche dieses Jahres festgestellt. Wir erwarten von Ihnen eine deutliche Leistungssteigerung. Sie müssen sich bemühen, Rechtschreibfehler zu vermeiden. Dafür steht Ihnen am Arbeitsplatz ein Duden zur Verfügung. Außerdem können Sie das Rechtschreibprogramm Ihres PC zur Kontrolle aktivieren, um die Anzahl der Fehler zumindest zu minimieren. Darüber hinaus sollten Sie Ihr Arbeitstempo erhöhen, um in der Quantität Ihrer Arbeitsleistungen die Durchschnittswerte Ihrer Kolleginnen zu erreichen.

Im Fall einer weiteren derartigen oder ähnlichen Schlechtleistung sehen wir uns gezwungen, Ihr Arbeitsverhältnis zu kündigen. Wir bitten Sie, uns den Erhalt dieser Abmahnung, die wir zu Ihren Personalakten nehmen werden, auf dem beigefügten Zweitexemplar zu bestätigen

22 Überstunden muss ich immer bezahlen

Auch das ist so nicht ganz richtig. Für die Vergütung von Überstunden gibt es keine gesetzliche Regelung. Die Ansprüche auf die Bezahlung ergeben sich oft aus einem Tarifvertrag, einer Betriebsvereinbarung oder aus den Arbeitsverträgen. Grundvoraussetzung für den Anspruch auf eine Überstundenvergütung ist jedoch, dass Sie als Arbeitgeber die Überstunden angeordnet haben bzw. von den Überstunden gewusst und diese gebilligt haben.

Beispiel: Überstunden ohne Anordnung

In der Spedition Maier gilt die 35-Stunden-Woche: Täglich werden 7 Stunden gearbeitet, Arbeitsbeginn ist um 8.00 Uhr. Die Sachbearbeiterin Frau Müller stöhnt über zu viel Arbeit, leistet aber die gleiche Arbeit und das gleiche Pensum wie ihre Kollegin Schmidt. Während Frau Schmidt jeden Abend pünktlich nach Hause geht, arbeitet Frau Müller täglich eine Stunde länger und kommt so auf 5 Stunden mehr pro Woche, die sie bezahlt haben möchte. Im Arbeitsvertrag ist geregelt, dass 10 Überstunden pro Monat mit dem Gehalt abgegolten sind.

Das ArbZG wurde hier eingehalten, Frau Müller arbeitet auch mit Überstunden nicht mehr als 8 Stunden täglich. Allerdings arbeitet sie mehr, als vertraglich festgelegt wurde. Zu Überstunden kann sie laut Arbeitsvertrag auch herangezogen werden. Fraglich ist jedoch, ob die Spedition die Überstunden auch bezahlen muss.

22.1 Höchstzahl und Bemessungszeitraum

Grundsätzlich sollten Sie in Ihren Arbeitsverträgen pauschale Abgeltungsvereinbarungen vermeiden. Beispielsweise sind solche Vertragsklauseln unwirksam, die festlegen, dass alle anfallenden Überstunden mit dem genannten Monatsgehalt abgegolten sein sollen.

Der Arbeitnehmer kann hier nicht erkennen, was ihn erwartet. Die Vereinbarungen sind zu unbestimmt. Vereinbaren Sie besser die Höchstzahl der Überstunden und den Bemessungszeitraum.
So gesehen hat die Spedition alles richtig gemacht: Die Höchstzahl der Überstunden (10) und der Bemessungszeitraum (monatlich) sind festgelegt. Diese Überstunden können folglich mit dem Gehalt abgegolten werden. In unserem Beispielfall kommt Frau Müller jedoch auf ca. zwanzig Überstunden pro Monat. Es stellt sich also die Frage, ob die Mehrarbeit, die über die 10 Stunden hinausgeht, vergütet werden muss.

Achtung:
Ist im Arbeitsvertrag nichts geregelt, muss per Auslegung ermittelt werden, was in der Branche und im Betrieb üblich ist. Hierbei sind alle Umstände des Einzelfalls zu berücksichtigen. Zu vergüten sind Überstunden allerdings nur dann, wenn sie entweder angeordnet oder mit Wissen des Arbeitgebers geleistet wurden. Eine Duldung durch den Arbeitgeber ist dann anzunehmen, wenn er von den Überstunden Kenntnis hatte.

Für unseren Beispiel heißt das, dass Frau Müller die Vergütung allenfalls verlangen kann, weil die Spedition die Überstunden geduldet hat. Schreiten Sie als Arbeitgeber rechtzeitig ein, wenn Sie bemerken, dass Überstunden gemacht werden, die Sie nicht wünschen oder die überflüssig sind. Gibt es Streit um die Überstundenvergütung, liegt die Darlegungs- und Beweislast beim Arbeitnehmer. Frau Müller müsste in unserem Fall beweisen, dass die Überstunden zur Erledigung der Arbeit notwendig waren. Das könnte schwierig werden, da ihre Kollegin die gleiche Arbeit ohne Überstunden erledigt.

22.2 Meine Tipps

Tipp 1: Freizeitausgleich vereinbaren

Ob und inwieweit Sie berechtigt sind, anstelle einer zusätzlichen Vergütung dem Arbeitnehmer für die geleisteten Überstunden einen entsprechenden Freizeitausgleich zu gewähren, hängt von Ihren Arbeitsverträgen ab. Sollten Sie die Freizeitgewährung bevorzugen, legen Sie dies gleich in den Verträgen fest. Wenn Ihre Arbeitnehmer die Arbeitszeit frei gestalten können, sind Sie jedenfalls nicht verpflichtet, nicht ausgeglichene Überstunden zu bezahlen.

Tipp 2: Überstunden im Arbeitsvertrag

Das Weisungsrecht, das Sie als Arbeitgeber innehaben, beinhaltet jedoch nicht die Befugnis, Überstunden anzuordnen. Behalten Sie es sich deshalb im Arbeitsvertrag immer vor, dass womöglich Überstunden angeordnet werden. Nutzen Sie folgende Musterformulierung: „*Die Firma ist berechtigt, Überstunden anzuordnen. Bis zu ..... Überstunden sind mit dem o.g. Gehalt abgegolten. Darüber hinausgehende Überstunden bis zu .... Überstunden kann der Arbeitnehmer nach Absprache mit der Firma durch Freizeit ausgleichen oder vergütet bekommen. Darüber hinausgehende Überstunden werden grundsätzlich vergütet. Die Vergütung von Überstunden erfolgt ohne Zuschläge. Die Auszahlung der Überstundenvergütung erfolgt jeweils mit der Vergütung des Folgemonats.*“

Tipp 3: Verpflichtung in Notfällen

Unabhängig von einer vertraglichen Regelung sind Ihre Arbeitnehmer in Notfällen oder bei sonstigen unvorhergesehenen Ereignissen zum Schutz erheblicher betrieblicher Interessen aus ihrer Treuepflicht heraus zur Ableistung von Überstunden verpflichtet. Das kann z. B. der Fall sein, wenn ein Hochwasser droht und in den Feierabendstunden das Lager ausgeräumt werden muss.

Tipp 4: Ausnahme für Auszubildende

Beachten Sie die Ausnahme, die für Ihre Auszubildenden gilt: Für diese Gruppe der Beschäftigten besteht ausnahmsweise ein gesetzlicher Anspruch auf eine Überstundenvergütung. § 17 Abs. 3 Berufsbildungsgesetz (BBiG) schreibt vor, dass eine über die vereinbarte regelmäßige tägliche Ausbildungszeit hinausgehende Beschäftigung eines Auszubildenden besonders zu vergüten oder durch entsprechende Freizeit auszugleichen ist.

23 Teilzeitkräfte müssen keine Überstunden leisten

Nur weil ein Arbeitsverhältnis als Teilzeitstelle ausgestaltet ist, heißt das nicht, dass keine Überstunden angeordnet werden können. Auch mit diesen Mitarbeitern können Sie als Arbeitgeber Vereinbarungen über Überstunden treffen

Beispiel: Überstunden zu recht verweigert?

Die Spedition Maier stellt eine neue Sachbearbeiterin ein. Sie soll zwanzig Stunden pro Woche arbeiten. Im November gehen sehr viele Aufträge ein, so dass der Abteilungsleiter auch gegenüber der Teilzeitkraft Überstunden anordnet. Die neue Mitarbeiterin verweist auf ihren Vertrag und weigert sich, Überstunden zu leisten.

Die Spedition Maier hat die Überstundenfrage im Vertrag nicht geregelt, so dass auf Grund des Arbeitsvertrages keine Verpflichtung besteht, Überstunden zu leisten.

23.1 Teilzeit bedeutet Teilzeit

Liegt keine Vereinbarung vor, muss man davon ausgehen, dass der Teilzeitbeschäftigte mit der Teilzeitvereinbarung deutlich gemacht hat, dass er auf die Ableistung von Überstunden keinen Wert legt. Aus diesem Grund können Sie als Arbeitgeber auch nicht einseitig Überstunden anordnen. Etwas anderes gilt, wenn der Arbeitnehmer sich im Einzelfall freiwillig zur Ableistung der Überstunden bereit erklärt. In unserem Beispielfall wird die Spedition die Verweigerung der Teilzeitbeschäftigten akzeptieren müssen.

Achtung:

Es empfiehlt sich, bereits bei der Vereinbarung der Teilzeit den Arbeitnehmer zu befragen, ob er willens und in der Lage ist, Überstunden zu leisten. Dies kann im Arbeitsvertrag schriftlich niedergelegt werden, so dass später keine Missverständnisse entstehen.

23.2 Meine Tipps

Tipp 1: Arbeitnehmer befragen

Dass Sie auch einer Teilzeitkraft gegenüber Überstunden anordnen wollen, sollten Sie bereits bei der Vertragsschließung berücksichtigen. Fragen Sie nach, ob Überstunden denkbar, möglich oder eventuell sogar erwünscht sind. Wenn der Arbeitnehmer keine Einwände hat, können Sie folgende Regelung in den Vertrag aufnehmen: *„Der Arbeitnehmer erklärt sich bereit, auf Anordnung bis zu ...... Überstunden pro Woche zu leisten. Die Überstunden werden ohne Zuschlag vergütet.*

Tipp 2: Tarifvertrag prüfen

Falls in Ihrem Betrieb ein Tarifvertrag Anwendung findet, sollten Sie folgendes beachten: In den meisten Tarifverträgen ist ein Überstundenzuschlag für Teilzeitkräfte allenfalls dann vorgesehen, wenn sie Überstunden über die wöchentliche Arbeitszeit von Vollzeitkräften hinaus erbringen. Also erst dann, wenn ein Teilzeitbeschäftigter die Regelarbeitszeit im Betrieb überschreitet, erhält er die tariflichen Zuschläge, die für Vollzeitkräfte vorgesehen sind. Für die Überstunden zwischen seiner individuell vereinbarten Arbeitzeit und der Regelarbeitszeit sehen die meisten Tarifverträge keine Zuschläge vor. Prüfen Sie, ob in Ihrem Tarifvertrag dies ebenso der Fall ist. Das bedeutet nämlich, dass die Überstunden von Teilzeitkräften für Sie als Arbeitgeber sehr viel preiswerter sind als die der Vollzeitkräfte, da Sie keinen Zuschlag zahlen müssen.

24 Für Überstunden muss ich Zuschläge zahlen

Diese Aussage ist nicht richtig. Das am 1.7.1994 in Kraft getretene ArbZG sieht keinen gesetzlichen Mehrarbeitszuschlag mehr vor.

Beispiel: Zuschlag per Auslegung

Die Spedition Maier ordnet regelmäßig Überstunden an. Zusch äge werden nicht bezahlt. Einer der Mitarbeiter erwartet aber, dass ihm die Zuschläge gezahlt werden, die in der Speditionsbranche üblich sind.

Ein Anspruch auf eine besondere Überstundenvergütung ergibt sich aber in vielen Fällen aus Tarifverträgen. Diese enthalten regelmäßig Regelungen, ob und in welchem Umfang Überstunden zu leisten und in welchem Umfang Zuschläge zu zahlen sind. Statt der besonderen Vergütung sehen einige Tarifverträge auch vor, dass die geleisteten Überstunden durch bezahlte Freizeit auszugleichen sind.

Achtung:

Gesetzliche Ansprüche zur besonderen Vergütung von Überstunden bestehen nur im Berufsausbildungsbereich (§ 17 Abs. 3 BBiG).

24.1 Was ist branchenüblich?

Soweit weder im Tarifvertrag noch im Einzelarbeitsvertrag eine Vergütung der Überstunden vorgesehen ist, ist durch Auslegung zu ermitteln, ob eine solche Vergütung zwischen den Vertragsparteien dennoch gewollt ist. Sofern auch die Auslegung zu keinem Ergebnis führt, ist zu prüfen, ob betriebs- oder branchenüblich Überstundenzuschläge gezahlt werden.

Für unseren Fall bedeutet dies, dass den Mitarbeitern Zuschläge zu zahlen sind, wenn sich tatsächlich herausstellt, dass dies in der Branche üblich ist. Solche Feststellungen können Sie z. B. anhand von Tarifverträgen Ihrer Branche treffen, die keine Anwendung in Ihrem Betrieb finden. Sind laut diesen Tarifverträgen Zuschläge zu zahlen, können Sie von einer Branchenüblichkeit ausgehen.

24.2 Meine Tipps

Tipp 1: Zuschläge konkret regeln

Um Streitigkeiten vorzubeugen, sollten Sie die Frage nach Zuschlägen in Ihren Arbeitsverträgen klar und deutlich regeln. Wenn Sie keine zahlen wollen, dann schließen Sie das in den Arbeitsverträgen aus. Wollen Sie Überstundenzuschläge zahlen, sollten Sie genau regeln wer, für welche Überstunden, welche Zuschläge erhält. Lassen Sie die Frage in Ihren Arbeitsverträgen jedenfalls nicht offen, damit erst gar nicht geprüft werden muss, was in Ihrer Branche üblich ist.

Tipp 2: Überstunden bei Teilzeitkräften

In den meisten Tarifverträgen ist ein Überstundenzuschlag für Teilzeitkräfte allenfalls dann vorgesehen, wenn sie Überstunden über die wöchentliche Arbeitszeit von Vollzeitkräften (Regelarbeitszeit) hinaus erbringen. Dies führt dazu, dass die „Überstunden" von Teilzeitkräften für den Arbeitgeber sehr viel preiswerter sind als die der Vollzeitkräfte, da ein Zuschlag nicht zu zahlen ist. Vor dem Hintergrund, dass nach wie vor fast 90 % der Teilzeitbeschäftigten Frauen sind, stellt sich die Frage, ob dies mittelbar geschlechterdiskriminierend ist. Das Bundesarbeitsgericht hat hierzu entschieden, dass eine Ungleichbehandlung nicht vorliegt, da Teilzeitbeschäftigte für die gleiche Anzahl geleisteter Überstunden genau die gleiche Gesamtvergütung erhalten wie Vollzeitbeschäftigte. Ob dies auch in Zukunft gelten wird, bleibt abzuwarten.

25 Reisezeit ist Arbeitszeit, die ich bezahlen muss

Hierbei handelt es sich um eine der umstrittensten Fragen des Arbeitsrechts. Sie kann nicht allgemeingültig beantwortet werden.

Beispiel: Außendienst

Der Außendienst der Spedition Maier GmbH ist viele Tage im Jahr weit mehr als 10 Stunden am Tag zu Kunden unterwegs. Der Personalleiter kommt ins Grübeln, ob dies zum einen zulässig ist und zum anderen, ob die volle Reisezeit als Arbeitszeit vergütet werden muss.

25.1 Reisezeit kann Arbeitszeit sein

Das Arbeitszeitgesetz (ArbZG) erlaubt grundsätzlich nur bis zu 10 Stunden Arbeitszeit pro Tag. Die Fahrtzeiten sind jedoch keine Arbeitszeit im Sinne des ArbZG. Von daher ist es zulässig, dass der Außendienst wegen Dienstreisen mehr als 10 Stunden am Tag unterwegs ist.
Anders sieht es dagegen aus, wenn das Reisen zu den Hauptleistungspflichten des Arbeitnehmers gehört, wie etwa bei Berufskraftfahrern. Ein Lkw- oder Busfahrer, der seinen Lkw oder Bus steuert, erbringt Vollarbeit. In diesem Fall ist das Reisen Arbeitszeit und das Arbeitszeitgesetz muss berücksichtigt werden.
Wenn ein Mitarbeiter während der Fahrt teilweise arbeitet (z. B. Akten im Zug studiert), wird die Fahrtzeit nicht auf die 10-Stunden-Grenze angerechnet, da er selbst entscheiden kann, ob und wann er arbeitet und in welchen Zeiten er ruht. Anders als beim Bereitschaftsdienst – der als Arbeitszeit gilt – muss der Mitarbeiter sich nicht die ganze Zeit zur Verfügung halten, um bei Bedarf arbeiten zu können.

Arbeitszeit ja – Vergütung nein

Ob die Reisezeit, die zur Arbeitszeit gehört, auch zu vergüten ist, ist eine andere Frage. Sie richtet sich nach dem Arbeitsvertrag bzw. den sonstigen zu Grunde liegenden Regelungen (Betriebsvereinbarung, Tarifvertrag). Erbringt Ihr Arbeitnehmer mit der Reisetätigkeit seine arbeitsvertraglich vereinbarte Hauptleistung, ergibt sich die Vergütung aus dem Arbeitsvertrag. Ist die Reisetätigkeit zwar keine arbeitsvertragliche Hauptleistung, jedoch zwingend Voraussetzung für die Erfüllung der Hauptpflicht, sind diese Fahrten Teil der arbeitsvertraglichen Leistung und somit ebenfalls vertragsgemäß zu vergüten. Das gilt z. B. in aller Regel für Außendienstmitarbeiter.

Achtung:

Bei den Arbeitnehmern, bei denen die Reisetätigkeit typischerweise nicht zur Arbeitspflicht gehören, müssen Sie unterscheiden: Führt der Arbeitnehmer die Reise auf Ihre Veranlassung während der üblichen Arbeitszeit durch, so erhält der Arbeitnehmer für die Reisezeit die vertraglich vereinbarte Vergütung. Liegt die Reisezeit ganz oder teilweise außerhalb der üblichen Arbeitszeit, ist die Rechtslage unproblematisch, wenn Arbeitgeber und Arbeitnehmer diesen Fall arbeitsvertraglich geregelt haben. Fehlt eine solche Vereinbarung, ist die Reisezeit jedenfalls dann zu vergüten, wenn der Arbeitnehmer eine Arbeitsleistung während der Reisezeit erbringt. Ist dies nicht der Fall, besteht ein Vergütungsanspruch nur dann, wenn der Arbeitnehmer für diese von ihm erbrachte Dienstleistung eine Vergütung erwarten durfte.

Sonderfall Wegezeit

Als Arbeitszeit zählt nach dem ArbZG die Zeit von Beginn bis zum Ende der Arbeit ohne die Ruhepausen. Wann nun die Arbeitszeit genau beginnt oder endet – bereits am Werktor oder erst am Arbeitsplatz – kann in dem Arbeitsvertrag, einem einschlägigen Tarifvertrag oder einer Betriebsvereinbarung geregelt sein. Findet sich hierzu keine Regelung oder besteht kein Zeiterfassungssystem im Betrieb („Stempeluhr"), beginnt und endet die Arbeitszeit generell erst am eigentlichen Arbeitsplatz.

Zur Arbeitszeit zählt nicht die sogenannte Wegezeit, also die Zeit, die der Arbeitnehmer morgens von seinem Wohnort zum Betrieb benötigt und anders herum. Dies gilt auch dann, wenn Sie zum Thema Reisezeit Regelungen in den Arbeitsverträgen oder Betriebsvereinbarungen getroffen haben. Der Arbeitsweg gehört immer zu den privaten Angelegenheiten des Arbeitnehmers und muss nie von Ihnen vergütet werden.

Achtung:
Die Zeiten, die der Mitarbeiter für die An- und Abfahrt aufwendet, sind der Ruhezeit zuzuordnen. Sie begründen keinen Vergütungsanspruch und lösen vor allem auch keine Mitbestimmungsrechte des Betriebsrats aus.

25.2 Meine Tipps

Tipp 1: Verbindliche Reiserichtlinie für alle

Wenn für Sie keine tarifliche Regelung gilt oder in den Arbeitsverträgen noch nichts vereinbart ist, sollten Sie eine entsprechende Dienstreisenregelung in Ihre Arbeitsverträge oder in eine Betriebsvereinbarung aufnehmen. Legen Sie z. B. fest, dass Reisezeiten während der üblichen Arbeitzeit vergütet werden, außerhalb der üblichen Arbeitszeit jedoch kein Vergütungsanspruch besteht. Um generell Streitigkeiten um Reiseangelegenheiten auszuschließen, können Sie eine Reiserichtlinie für Ihren Betrieb verbindlich für alle festlegen. Ein Muster finden Sie auf der beiliegenden CD-ROM.

Tipp 2: Keine Vergütung für leitenden Angestellte

Haben Sie keine Regelung getroffen, können zumindest leitende Angestellte keine Vergütung erwarten. Auch bei gehobenen Positionen haben die Arbeitnehmer nach der Verkehrsanschauung ein gewisses Kontingent an Reisezeiten außerhalb der regulären Arbeitszeit unentgeltlich zu erbringen. Dies gilt vor allem dann, wenn das Gehalt deutlich oberhalb der allgemeinen durchschnittlichen Bezahlung liegt.

25.3 Arbeitshilfen auf der CD-ROM

Dies ist nur ein Auszug der Dokumentes – auf der CD-ROM befindet sich ein vollständiges Muster, welches Sie nutzen können, um eine verbindliche Reiserichtlinie für alle Mitarbeiter festzulegen.

Muster Reiserichtlinie

Reiserichtlinie gültig ab ....

Die Reiserichtlinie soll allen Mitarbeitern und Vorgesetzten die für die Planung, Genehmigung, Durchführung und Abrechnung von Dienstreisen notwendigen Informationen zur Verfügung stellen. Die Reiseanweisungen für Mitarbeiter des Außendienstes sind in dieser Organisationsanweisung mit enthalten.

Die nachfolgenden Regelungen stehen unter dem Vorbehalt des Widerrufs durch die Geschäftsleitung.

1. Planung der Dienstreise

Dienstreisen verursachen Sach- und Personalkosten. Deshalb ist eine vorherige sorgfältige Prüfung der Notwendigkeit und der Gestaltung der Dienstreise geboten. Dienstreisen mit Reisen privaten Charakters zu verbinden, bzw. Dienstreisen aus diesem Anlass zu verlängern, ist nicht gestattet. Werden Dienstreisen dennoch mit Privatreisen verbunden, erlischt der Versicherungsschutz durch die Firma. Eventuelle steuerliche Nachteile für das Unternehmen gehen zu Lasten des Mitarbeiters.

2. Genehmigung

Die Genehmigung von Dienstreisen erfolgt durch den jeweiligen Vorgesetzten unter Berücksichtigung der für externe Leistungen festgelegten Wertgrenzen (Kompetenzregelung, Übersicht). Genehmigung und Abrechnung der Reisekosten erfolgen auf dem Vordruck ....

Reisekostenvorschüsse oder Spesenvorschüsse für Vielreisende können nach Absprache mit der Reisestelle genehmigt werden.

Sind nur Aufwendungen für die Benutzung des privaten Pkws angefallen ist das Formular .... zu nutzen.

3. Auswahl der Verkehrsmittel und Übernachtungsmöglichkeiten

Der Firmenreiseservice unterstützt den Mitarbeiter bei der Auswahl der günstigsten Verkehrsverbindungen und angemessenen Übernachtungsmöglichkeiten. Bei der Auswahl der Verkehrsmittel steht neben der Einschränkung möglicher Unfallrisiken deren wirtschaftlicher Einsatz im Vordergrund.

Für die Fahrt zum Bahnhof oder Flughafen muss die Benutzung des privaten Pkws nicht gesondert genehmigt werden.

Alle Reisemittel und Übernachtungen sind ausschließlich beim Firmenreiseservice zu buchen.

4. Mietwagenbuchungen

Mietwagen dürfen nur mit gültigem Führerschein angemietet und gefahren werden. Die Vorgesetzten sind aufgefordert, das Vorhandensein und die Gültigkeit des Führerscheins zu überprüfen. Bei Übernahme des Mietwagens ist der Führerschein dem Vermieter vorzulegen, auch wenn in Ausnahmefällen das Mietfahrzeug von einer beauftragten Person übernommen wird.

Reservierungen können nur nach Fahrzeuggruppen, nicht nach Fahrzeugtypen erfolgen, wobei Typenänderungen vorbehalten sind. Höhere Wagengruppen sind zu begründen und vom Vorgesetzten auf der Reisekostenabrechnung zu genehmigen.

Aufpreise bei Mietwagen werden für Winterreifen und Fahrzeugübernahmen/Rückgaben an Flughäfen und Bahnhöfen erhoben. Mietwagen werden vollgetankt übergeben und sind auch wieder vollgetankt zurückzugeben.

Bei Rückkehr von einer Dienstreise mit einem Mietwagen ist der Vermieter vom Reisenden zu verständigen, dass das Fahrzeug abgeholt werden kann. Schäden am Fahrzeug sind dem Vermieter unverzüglich anzuzeigen. Der Fahrer erhält vom Vermieter eine Schadensmeldung, die an das Mietwagenunternehmen unverzüglich zurückzusenden ist. Eine Kopie ist der Reisestelle zur Verfügung zu stellen. Im Schadensfall wird vom Vermieter eine Selbstbeteiligung erhoben. Schadensfälle werden in Zusammenarbeit mit der Versicherungsabteilung abgewickelt.

5. Übernachtungen

Für Übernachtungen sind die vom Einkauf vertraglich vereinbarten Preise maßgebend. Müssen Hotelbuchungen erfolgen, für die keine gesonderten Vereinbarungen bestehen, so ist nach wirtschaftlichen Gesichtspunkten zu verfahren.

Die Preisentwicklung für Übernachtungskosten wird von der Reisestelle überwacht.

6. Unterschrifts- und Vorschussregelung

Auf dem Formular genügt eine Unterschrift des Vorgesetzten.

Die Reisekostenabrechnung wird aufgrund der Angaben auf dem Formular von der Reisestelle erfasst und elektronisch per Programm berechnet. Der Mitarbeiter erhält ein Abrechnungsprotokoll.

Erstattungen von Reisekosten erfolgen ausschließlich per Überweisung. Sollten sich Überzahlungen durch höhere Vorschüsse ergeben, erfolgt nach Rücksprache mit dem Mitarbeiter der Einzug per Lastschrift vom Konto des Mitarbeiters.

7. Buchung der Reise

Für die mit dem Vorgesetzten abgesprochene und genehmigte Reise erfolgt die Buchung von Reisemitteln und Übernachtungen per Mail oder Fax beim Reisebüro ....

8. Abrechnung, Prüfung und weitere Bearbeitung der Reisekostenabrechnung

Nach Abschluss der Dienstreise wird der bis dahin beim Reisenden verbliebene Reiseauftrag um die zur Reisekostenabrechnung erforderlichen Angaben und Belege ergänzt.

Die vom Reisenden und vom Vorgesetzten unterschriebene Reisekostenabrechnung ist zusammen mit den Belegen der Reisestelle zur Prüfung vorzulegen. Reisekosten werden ausschließlich von der Reisestelle zur Zahlung bzw. Überweisung angewiesen.

Abrechnungen der Dienstreisen von Außendienstmitarbeitern im In- und Ausland sind vom zuständigen Vorgesetzten zu genehmigen.

9. Messeabrechnungen

Teilnehmer an Messen legen ihre Messeabrechnung der Reiseabrechnung bei. Die

Messeabrechnung wird nicht mit den Reisekosten ausbezahlt, sondern nach Prüfung durch die Reisestelle an das Personalrechnungswesen weitergeleitet. Dort erfolgt die Auszahlung und Lohnversteuerung über die nächste Gehaltsabrechnung.

Zeitgutschriften auf der Messeabrechnung werden ebenfalls berücksichtigt.

10. Geltendmachung und Ausschlussfrist

Reisekosten sind spätestens innerhalb 4 Wochen nach Beendigung der Reise anzuzeigen. Die Ausschlussfrist für die Geltendmachung beträgt 6 Monate.

Zum Jahresende ist es wegen des Jahresabschlusses erforderlich, dass alle Reisekostenabrechnungen für das jeweils letzte Geschäftsjahr bis spätestens 15. Januar des Folgejahrs vorliegen.

11. Abrechnung, Prüfung und weitere Bearbeitung der Reisekostenabrechnung (Privat Pkw)

Fallen bei einer Dienstreise ausschließlich Aufwendungen für die Benutzung eines Privat-Pkws an, so gilt für diese dienstlich veranlasste Fahrt ein vereinfachtes Genehmigungs- und Abrechnungsverfahren über das Formular ....

Für Fahrten und Aufenthalte an verschiedenen Standorten des Firmensitzes wird kein Verpflegungsmehraufwand erstattet.

Die Abrechnungen werden von der Reisestelle geprüft und erfasst. Die Erstattung erfolgt per Überweisung auf die gespeicherte Bankverbindung des Reisenden.

12. Belege

Die Belege müssen den Namen und die Anschrift des Unternehmens und den Namen des reisenden Mitarbeiters/der reisenden Mitarbeiterin enthalten. Steht kein Originalbeleg zur Verfügung, ist ein Eigenbeleg erforderlich (z. B. für Geschäftstelefonate oder Parkgebühren).

Die Belege für die Verkehrsmittel, die der Firmenreiseservice gebucht hat, wie Flugtickets, Bahnfahrkarten, Platzreservierungen etc., sind ebenfalls der Reisekostenabrechnung beizufügen. Wird bei der Dienstreise ein Mietwagen oder ein Firmenfahrzeug benutzt, sind die Tankbelege beizufügen.

13. Mehraufwendungen für die Verpflegung (Tagegeld)

Derzeit werden von der Firma folgende Pauschalen erstattet: ....

Die Firma übernimmt die Pauschalsteuer.

Es gibt keine Differenzierung zwischen Dienstgang und Dienstreise mehr. Jeder Tag wird gesondert betrachtet, daher entfällt die Unterscheidung zwischen eintägigen und mehrtägigen Dienstreisen. Unentgeltlich gewährte Mahlzeiten unterliegen mit dem amtlichen Sachbezugswert der Lohnsteuer.

14. Fahrtkosten

Wird der private PKW benutzt, obwohl im Reiseauftrag ein anderes Verkehrsmittel festgelegt war und kein begründeter Ausnahmefall vorlag, werden die Kosten erstattet, die bei einer Fahrt mit der Bundesbahn 1. Klasse (Großkunden-Abonnement) entstanden wären.

Nicht abgefahrene Fahrkarten bzw. nicht abgeflogene Flugtickets sind dem Firmenreiseservice innerhalb von vier Wochen zur Gutschrift zurückzuschicken.

Fallen und Irrtümer beim Thema Urlaub

26 Ungenehmigten Urlaub kann ich nicht widerrufen

Doch! Grundsätzlich ist das möglich, allerdings unter sehr strengen Voraussetzungen. Die Rechtsprechung orientiert sich hierbei an den Interessen beider Parteien und wägt diese gegeneinander ab. Den Urlaub wieder rückgängig zu machen, ist auf jeden Fall dann möglich, wenn sich die Arbeitnehmer und Arbeitgeber darüber einigen.

Beispiel: Die Katastrophe droht

Bei der Spedition Maier sind empfindliche Waren eines Kunden eingelagert, die in der kommenden Woche ausgeliefert werden sollen. Am Mittwoch dieser Woche beginnt das Hochwasser zu steigen, der Katastrophenschutz ist im Einsatz und jede Hand wird gebraucht, um das Schlimmste zu vermeiden. Der Lagerarbeiter Müller will am Donnerstag wie vereinbart in den Urlaub fliegen. Der Personalchef fordert ihn auf, hier zu bleiben und am Donnerstag morgen wie üblich zur Arbeit zu erscheinen. Müller äußert sich dazu nicht und lässt den Personalchef im Glauben, dass er am Arbeitsplatz erscheint. Stattdessen fühlt sich Herr Müller im Recht und steigt ins Flugzeug.

Herr Müller hätte gut daran getan, auf den Urlaub ausnahmsweise zu verzichten. In diesem Fall kann unter Umständen sogar eine Kündigung gerechtfertigt sein.

26.1 Die zeitliche Lage ist bindend

Sowohl für den Arbeitgeber als auch für den Arbeitnehmer ist die Bestimmung des Arbeitgebers hinsichtlich der zeitlichen Lage des Erholungsurlaubs bindend. Wurde der Urlaub einmal festgelegt, so kann er regelmäßig weder durch einseitige Erklärung des Arbeitgebers (Widerruf) noch des Arbeitnehmers (Verzicht) rückgängig gemacht werden. Wenn Sie als Arbeitgeber eine nachträgliche Änderung beabsichtigen, müssen Sie vielmehr eine entsprechende Vereinbarung mit Ihrem Arbeitnehmer treffen. Das gilt auch dann, wenn Ihr Mitarbeiter es sich anders überlegt und kurzfristig den Urlaub nun doch zu einem anderen Zeitpunkt antreten möchte. Für solche Änderungswünsche braucht er auch Ihre Zustimmung.

In dringenden Fällen muss der Mitarbeiter zustimmen

Haben Sie gegenüber einem Arbeitnehmer die zeitliche Lage des Urlaubs festgelegt und machen nachträglich eingetretene betriebliche Interessen von besonderem Gewicht die Anwesenheit des Arbeitnehmers während des festgelegten Zeitraums notwendig, kann Ihr Mitarbeiter verpflichtet sein, einer Aufhebung der Urlaubsplanung zu zustimmen.

Achtung:
Als Arbeitgeber sind Sie nicht berechtigt, einen solchen Anspruch durch einseitige Widerrufserklärung durchzusetzen. Erforderlich ist vielmehr die Zustimmung des Arbeitnehmers. Verweigert der Arbeitnehmer die Zustimmung, so müssen Sie diese mit Hilfe einer einstweiligen Verfügung gerichtlich herbeiführen.

Ausnahme in Katastrophenfällen

In Ausnahmefällen kann der Urlaub ohne ausdrückliche Vereinbarung zwischen Ihnen und dem Mitarbeiter einseitig verlegt werden. Auf Arbeitgeberseite ist hierbei vor allem an Katastrophen oder an den plötzlichen Ausfall einer größeren Zahl von Arbeitnehmern zu denken, durch den der Fortgang der Produktion gefährdet wäre. In solchen Fällen kann sogar der Rückruf des Arbeitnehmers aus dem bereits angetretenen Urlaub zulässig sein.

In unserem Beispielsfall war es also durchaus legitim, dass Herr Müller aufgefordert zum Bleiben aufgefordert wurde. Droht eine Katastrophe, die erhebliche Auswirkungen auf ein Unternehmen hat, kann der Widerruf der Urlaubsplanung gerechtfertigt sein.

26.2 Meine Tipps

Tipp 1: Urlaubsverzicht schriftlich festhalten

Sollten Sie in die Situation kommen, einem Mitarbeiter den geplanten Urlaub verweigern oder ihn aus dem Urlaub zurückholen zu müssen, dann ist der erste Schritt, gemeinsam mit dem Arbeitnehmer eine Vereinbarung hierüber zu treffen. Nutzen Sie folgende Formulierung: „*Frau/Herr .... erklärt sich einverstanden, den genehmigten Urlaubs von ... bis .... aus betrieblichen Gründen nicht anzutreten.*“

Tipp 2: Einstweilige Verfügung beantragen

Verweigert Ihr Arbeitnehmer die Zustimmung, sind Sie verpflichtet, diese erforderlichenfalls mit Hilfe einer einstweiligen Verfügung gerichtlich herbeizuführen. Das gilt vor allem für die Fälle, in denen Sie sich nicht sicher sind, ob Sie ausnahmsweise ohne Zustimmung des Arbeitnehmers und ohne gerichtliche Klärung den Nichtantritt des Urlaubs verlangen können. Bei einstweiligen Verfügungen entscheiden die Gerichte sehr schnell.

Tipp 3: Situation genau prüfen, Schadenersatz vorbeugen

Prüfen Sie genau, ob es erforderlich ist, einen Urlaub rückgängig zu machen oder einen Mitarbeiter gar zurückzuholen. Liegt ausnahmsweise eine Situation vor, in der Sie nicht berechtigt wären, den Urlaub zu verlegen oder den Arbeitnehmer aus dem Urlaub zurückzurufen, so haften Sie dem Arbeitnehmer auf Schadensersatz. Ersetzen müssen Sie ihm den Schaden, der ihm entstanden ist, weil er darauf vertraut hat, den Urlaub zum vorgesehenen Zeitpunkt antreten und vollständig verbringen zu können. Zu diesem Schaden zählen vor allem mögliche Anzahlungen oder Abstandszahlungen für eine nichtangetretene oder nicht zu Ende geführte Urlaubsreise, Stornogebühren oder die zusätzlichen Kosten einer vorzeitigen Rückreise usw. Ein zusätzliches Schmerzensgeld müssen Sie allerdings nicht zahlen.

Tipp 4: Krank im Urlaub

Gelegentlich kommt es vor, dass ein Arbeitnehmer während seines Urlaubs erkrankt. Seinen Anspruch auf die Urlaubstage verliert er dadurch grundsätzlich nicht. Als Arbeitgeber sollten Sie aber auf besondere Pflichten hinweisen, die der Arbeitnehmer wenn er z. B. während eines Auslandsaufenthalts erkrankt, zu erfüllen hat. Auf der CD-ROM finden Sie einen Aushang, den Sie z. B. am Schwarzen Brett aushängen können.

26.3 Arbeitshilfen auf de CD-ROM

Weisen Sie Ihre Mitarbeiter auf die Pflichten hin, die sie bei einer Erkrankung während ihres Urlaubs beachten müssen.

Merkblatt „Krank im Urlaub"

Merkblatt für unsere Mitarbeiter

Krank im Urlaub? Bitte beachten Sie diese Punkte!

Liebe Mitarbeiterin, lieber Mitarbeiter!

Wir wünschen Ihnen einen erholsamen und schönen Urlaub – und freuen uns darauf, Sie wohlbehalten wieder zu sehen.

Nun kann es leider aber doch hin- und wieder vorkommen, dass im Urlaub eine Erkrankung auftritt, die eine Arbeitsunfähigkeit zur Folge hat. Aus diesem Grund bitten wir Sie, in so einem Fall auf folgende Punkte zu achten:

Der Gesetzgeber hat Sie als Arbeitnehmer dazu verpflichtet, den Arbeitgeber unverzüglich (also am ersten Tag) persönlich oder durch einen Dritten von Ihrer Krankheit in Kenntnis zu setzen – und darüber, wie lange Sie voraussichtlich arbeitsunfähig sein werden.

Sie können uns aus dem Urlaub wie folgt erreichen:

Telefon: .... (Frau/Herr ....)

Fax: .... (z.Hd. Frau/Herr ....)

E-Mail: .... (Frau/Herr ....)

Bitte teilen Sie uns stets Ihre Adresse inklusive einer Telefonnummer mit, unter der Sie erreichbar sind. Auch das schreibt der Gesetzgeber zwingend vor. Wenn Sie gesetzlich krankenversichert sind, müssen Sie diese Angaben auch Ihrer Krankenkasse übermitteln.

Achtung:

Dauert die Krankheit länger, legen Sie bitte bis spätestens zum vierten Kalendertag eine Arbeitsunfähigkeitsbescheinung vor. Sie sollte auf jeden Fall die voraussichtliche Dauer der Arbeitsunfähigkeit angeben. Sind Sie länger krank als zunächst vom Arzt diagnostiziert, senden Sie bitte eine entsprechende Nachfolgebescheinigung an uns.

Bei einer Erkrankung während eines Auslandsurlaubs:

Bitte gehen Sie umgehend zu einem Arzt und lassen Sie sich ein Attest ausstellen. Informieren Sie uns als Ihren Arbeitgeber bitte umgehend. Spätestens am 4. Tag muss uns auch in diesem Fall laut Gesetz eine ärztliche Bescheinigung über Ihre Arbeitsunfähigkeit vorliegen. Sie faxen sie uns deshalb am besten zu. So ist die Frist gewahrt. Die Fax-Nummer lautet: ....

Informieren Sie ebenfalls Ihre Krankenkasse, falls Sie gesetzlich versichert sind.

Wenn die Krankheit durch einen Unfall ausgelöst wurde:

Ist Ihre Krankheit durch einen Unfall verursacht, den ein Dritter verschuldet hat, dann haben Sie finanzielle Ansprüche gegen ihn. Da Sie von uns Lohnfortzahlung erhalten, geht dieser Anspruch auf uns als Arbeitgeber über. Deshalb müssen Sie uns bitte in so einem Fall unverzüglich die Adresse desjenigen mitzuteilen, der Ihre Krankheit verschuldet hat.

Herzlichen Dank für Ihre Mithilfe!

27 Bei einer Freistellung entfällt der Anspruch auf Resturlaub

Wenn Sie einen Mitarbeiter freistellen, weil Sie ihm z. B. gekündigt haben und ihn während der Kündigungsfrist nicht mehr beschäftigen wollen, dann ist damit jedoch noch nicht dessen Urlaubsanspruch erfüllt.

Beispiel: Aufhebungsvertrag und Freistellung

Die Spedition Maier einigt sich mit Lagerarbeiter Müller auf eine Aufhebung des Arbeitsvertrags. Beide sind an einer Weiterbeschäftigung nicht interessiert und vereinbaren u. a., dass Herr Müller bis zum Beendigungstermin des Arbeitsverhältnisses von der Arbeitsleistung freigestellt wird. Herr Müller bleibt zu Hause und kurze Zeit nach Beendigung des Arbeitsverhältnisses macht er einen Urlaubsanspruch geltend, da ihm seiner Meinung nach noch 20 Tage Urlaub zustehen.

Wurde durch die Freistellung der Urlaubsanspruch des Herrn Müller bereits erfüllt oder kann dieser sich seine 20 Tage abgelten lassen?

27.1 Anrechnung erfolgt nicht automatisch

Als Arbeitgeber müssen Sie den Urlaub Ihrer Mitarbeiter unter Beachtung der Wünsche der Arbeitnehmer festlegen. Wenn das Arbeitsverhältnis wie in unserem Beispiel jedoch beendet ist, ist eine Urlaubsgewährung im Sinne des BUrlG gar nicht mehr möglich. In einem solchen Fall erlischt der Urlaubsanspruch und es kann ein Anspruch auf Urlaubsabgeltung entstehen. In unserem Beispielsfall kann der Mitarbeiter eine Abgeltung von 20 Urlaubstagen in Geld verlangen, da ihm der Arbeitgeber den Urlaub nicht wirksam gewährt hat.

Hätte die Spedition die Anrechnung der Urlaubstage auf die Dauer der Freistellung gewollt, so hätte sie dies unmissverständlich zum

Ausdruck bringen müssen. Die Schlussfolgerung, mit einer in einem Aufhebungsvertrag pauschal vereinbarten Freistellung von der Arbeitspflicht sei stets die Erfüllung des Urlaubsanspruches verbunden, ist nicht gerechtfertigt.

Achtung:
Ich empfehle Ihnen dringend, stets eine eindeutige sprachliche Regelung zu wählen. Diese muss klarstellen, dass die Freistellung von der Arbeitspflicht erfolgt, um den verbleibenden Resturlaubsanspruch zu erfüllen. Die Anrechnung erfolgt nicht automatisch.

27.2 Meine Tipps

Tipp 1: Anrechnungszeit nicht exakt festgelegen

Für die wirksame Anrechnung des Urlaubsanspruchs auf die Zeit der Freistellung ist es nicht erforderlich, dass Sie den Urlaub des Arbeitnehmers innerhalb der längeren Freistellungsfrist exakt zeitlich festlegen. Es genügt die unwiderrufliche Freistellung während der Kündigungsfrist unter Anrechnung etwaiger Urlaubsansprüche. Setzen Sie die folgende Musterformulierung ein: *„Der Arbeitnehmer wird unter Anrechnung seines Resturlaubs bis zum … unwiderruflich freigestellt."*

Tipp 2: Möglichen Widerruf einkalkulieren

Eine Anrechnung von Urlaubstagen auf die Zeit der Freistellung ist nur bei einer unwiderruflichen Freistellung möglich. Wollen Sie den Mitarbeiter nur widerruflich freistellen, sich also die Möglichkeit offen halten, ihn im Notfall noch einmal zurückzurufen, dann sollten Sie noch nicht endgültig auf Ihre Dispositionsbefugnis verzichten. In diesem Fall können Sie nicht allgemein den Resturlaub auf die Freistellungszeit anrechnen. Vielmehr müssen Sie in der Vereinbarung festlegen, zu welcher Zeit der Mitarbeiter Urlaub hat und zu welcher Zeit ein Widerruf von Ihrer Seite aus möglich sein soll.

28 Nach sechs Monaten besteht Anspruch auf Teilurlaub

Nein! Nach der Wartezeit von sechs Monaten hat der Arbeitnehmer grundsätzlich den Anspruch auf den vollen Jahresurlaub.

Beispiel: Sechs Monate Arbeit und drei Wochen Urlaub

Der Lagerarbeiter Müller ist seit gut einem halben Jahr in der Spedition Maier beschäftigt. In seinem Arbeitsvertrag wurde vereinbart, dass er einen Urlaubsanspruch von 25 Werktagen je Kalenderjahr hat. Nach einem halben Jahr Betriebszugehörigkeit möchte er drei Wochen (15 Werktage) in den Urlaub fahren. Sein Chef lehnt ab. Seiner Meinung nach hat sich der Mitarbeiter erst einen Anspruch auf 12,5 Tage – nämlich die Hälfte des Jahresurlaubs – erarbeitet.

Für die Entstehung des Urlaubsanspruchs kommt es nicht auf die vorausgegangene tatsächliche Arbeitsleistung an. Es ist grundsätzlich nicht von Bedeutung, ob zwischen Arbeitsleistung und Urlaub ein wie auch immer geartetes Missverhältnis besteht, z. B. weil der Arbeitnehmer nicht oder nur im geringen Umfang gearbeitet hat. Das BAG bewertet den Urlaubsanspruch nach dem BUrlG als einen gesetzlich begründeten Anspruch des Arbeitnehmers auf Freistellung von der Arbeitspflicht. Dieser soll weder von einem individuellen noch abstrakten Erholungsbedürfnis abhängig sein.

28.1 Wann entsteht der Anspruch auf Urlaub?

Für den Anspruch auf Erholungsurlaub nach dem BUrlG müssen also lediglich zwei grundlegende Voraussetzungen erfüllt sein:

- der Anspruchsteller muss zum Kreis der anspruchsberechtigten Personen im Sinne des BUrlG zählen (§§ 1, 2 BUrlG) und
- die Wartezeit von sechs Monaten gem. § 4 BUrlG muss zurückgelegt sein.

In unserem Beispielsfall gehört Herr Müller zum Kreis der anspruchsberechtigten Personen: Er ist Arbeitnehmer der Spedition. Die sechsmonatige Wartezeit hat Herr Müller auch erfüllt, so dass sein Anspruch auf Urlaub für 25 Werktage entstanden ist. Der Urlaub wird nicht geteilt. Wer die Wartefrist erfüllt, hat grundsätzlich einen Urlaubsanspruch in Höhe des Jahresurlaubs. Sofern keine anderen betrieblichen Gründe entgegenstehen, kann Herr Müller 15 Tage Urlaub beanspruchen.

Achtung:
Ein Anspruch auf Teilurlaub entsteht nur dann, wenn einer der Fälle des § 5 BUrlG vorliegt:

- Ist der Arbeitnehmer erst in der zweiten Jahreshälfte eingetreten und kann er deshalb die Wartezeit von sechs Monaten in diesem Jahr nicht mehr erfüllen, so hat er nur einen Teilurlaubsanspruch. Der sich so errechnende Teilurlaubsanspruch ist auf Wunsch des Arbeitnehmers auf das folgende Urlaubsjahr zu übertragen.
- Zu einem Teilurlaubsanspruch kommt es auch, wenn der Arbeitnehmer im laufenden Urlaubsjahr vor Erfüllung der Wartezeit wieder ausscheidet.
- Schließlich gilt das Anteilsprinzip, wenn der Arbeitnehmer trotz erfüllter Wartezeit in der ersten Hälfte des Kalenderjahres ausscheidet.

28.2 Meine Tipps

Tipp 1: Rückforderungsverbot beachten

Beachten Sie das Rückforderungsverbot des § 5 Abs. 3 BUrlG. Danach kann zuviel gewährter Urlaub bzw. das für diese Zeit (fort-)gezahlte Urlaubsentgelt nicht zurückgefordert werden, wenn der Arbeitnehmer in der ersten Hälfte des Jahres Urlaub über den ihm zustehenden Umfang hinaus erhalten hat. Wenn Sie Ihrem Mitarbeiter also den vollen Jahresurlaub in der ersten Jahreshälfte erteilt haben und er scheidet noch vor Ablauf des Kalenderjahres aus, können Sie keine Erstattung verlangen.

Von § 5 Abs. 3 BUrlG kann durch Tarifvertrag zu Ungunsten des Arbeitnehmers mit der Folge abgewichen werden, dass das entsprechende Urlaubsentgelt vom Arbeitnehmer zu erstatten ist.

Tipp 2: Voller Anspruch bei Arbeitsbeginn am 1.Juli

Tritt ein Arbeitnehmer mit Wirkung zum 1. Juli in ein Arbeitsverhältnis ein, so kann die Wartezeit von sechs Monaten im Kalenderjahr noch vollendet werden. Der Arbeitnehmer erwirbt in diesem Fall den vollen und nicht nur einen Teilurlaubsanspruch.

Tipp 3: Urlaubsbescheinigung abwarten

Die Urlaubsbescheinigung gehört zu den Arbeitspapieren, die dem Arbeitnehmer bei Beendigung des Arbeitsverhältnisses auszuhändigen sind. Sie gibt Auskunft über die dem Arbeitnehmer im laufenden Urlaubsjahr bereits gewährten oder abgegoltenen Urlaubstage, wie viel Urlaubstage dem Arbeitnehmer zustehen und ob dabei übertragene Urlaubstage aus dem Vorjahr berücksichtigt worden sind. Solange ein neu eingetretener Arbeitnehmer Ihnen diese Bescheinigung nicht vorlegt oder anderweitig nachweist, ob und wie viel Urlaub ihm bereits gewährt wurde, solange können Sie die Urlaubsgewährung hinausschieben. Hat der bisherige Arbeitgeber zu viel Urlaub gewährt, können Sie diese Urlaubstage auf den in Ihrem Betrieb entstehenden Urlaubsanspruch anrechnen.

28.3 Arbeitshilfen auf der CD-ROM

Mit der Tabelle auf der nächsten Seite erhalten Sie einen genauen Überblick über die gesetzlichen Regelungen zum Thema Urlaub, von Wartezeit über Urlaubsdauer und Krankheit bis hin zur Übertragbarkeit von Urlaubsansprüchen.

Urlaub (gesetzliche Regelung)	
Urlaubsdauer:	Nach der gesetzlichen Regelung hat jeder Arbeitnehmer einen Urlaubsanspruch von 24 Werktagen je Urlaubsjahr (identisch mit Kalenderjahr). In der Regel sehen (zulässigerweise) Tarifverträge oder Einzelarbeitsverträge einen längeren Urlaubsanspruch vor.
Wartezeit:	Der Arbeitnehmer erwirbt den Anspruch auf den vollen Jahresurlaub nach sechsmonatigem Bestehen des Arbeitsverhältnisses. Beginnt das Arbeitsverhältnis beispielsweise am 1.4. eines Jahres, kann der Arbeitnehmer mit Ablauf des 30.9. den vollen Jahresurlaub beanspruchen.
Teilurlaub:	Teilurlaub (1/12 für jeden vollen Monat des Beschäftigungsverhältnisses) kann der Arbeitnehmer beanspruchen, • wenn er wegen Beginn des Arbeitsverhältnisses in der 2. Jahreshälfte die Wartezeit nicht erfüllen kann oder • wenn er vor Erfüllung der Wartezeit aus dem Arbeitsverhältnis ausscheidet oder • wenn er nach Erfüllung der Wartezeit in der 1. Jahreshälfte ausscheidet.
Krankheit:	Der Urlaubsanspruch des Arbeitnehmers mindert sich nicht dadurch, dass er infolge Krankheit während des Urlaubsjahres nur teilweise oder überhaupt keine Arbeitsleistung erbringen konnte. Tarifverträge können hier abweichend eine Kürzung des Urlaubsanspruchs vorsehen. Der Urlaubsanspruch verfällt allerdings, wenn der Arbeitnehmer den Urlaub nicht bis zum Ende des Urlaubsjahres, spätestens bis zum Ende des Übertragungszeitraumes (31.3. des Folgejahres) nehmen kann. Erkrankt der Arbeitnehmer während des Urlaubs, werden die durch ärztliche Bescheinigung nachgewiesenen Tage der Arbeitsunfähigkeit nicht auf den Urlaub angerechnet.

Übertragung:	Der Urlaubsanspruch ist grundsätzlich an das Urlaubsjahr gebunden und muss bis zum Jahresende gewährt und genommen werden. **Ausnahmen:** • bei dringenden betrieblichen oder in der Person des Arbeitnehmers liegenden Gründen ist eine Übertragung bis zum 31.3. des Folgejahres möglich, • Mutterschutz: Hat die Frau ihren Urlaub vor Beginn der Beschäftigungsverbote noch nicht oder nicht vollständig erhalten, so kann sie nach Ablauf der Fristen den Resturlaub im laufenden oder nächsten Urlaubsjahr beanspruchen. • bei Antritt von Elternzeit noch zustehender Erholungsurlaub ist nach Beendigung der Elternzeit im laufenden oder im nächsten Urlaubsjahr zu gewähren. Dies gilt entsprechend für Wehr- und Zivildienstleistende.

29 Auf den gesetzlichen Mindesturlaub kann man verzichten

Arbeitsverhältnisse werden immer öfter durch einen Aufhebungsvertrag gegen Zahlung einer Abfindung beendet. Mit der Unterschrift unter dem Vertrag bestätigen die Arbeitnehmer häufig, dass alle Ansprüche aus dem Arbeitsverhältnis erfüllt sind. Damit hat der Arbeitnehmer jedoch nicht auf den Mindesturlaub verzichtet. Auf den gesetzlichen oder tariflichen Mindesturlaub kann ein Arbeitnehmer nämlich gar nicht wirksam verzichten.

Beispiel: Verzicht ja – auf Mindesturlaub nein

Herr Müller hat bei der Spedition Maier einen Urlaubsanspruch von 30 Werktagen. Zum 31.12. scheidet er auf Grund eines Aufhebungsvertrages aus. in diesem Jahr hat er nur 10 Tage Urlaub in Anspruch genommen. Im Aufhebungsvertrag ist pauschal geregelt, dass mit Zahlung der Abfindung alle Ansprüche aus dem Arbeitsverhältnis abgegolten sind. Der Personalleiter geht davon aus, dass damit auch die noch bestehenden Urlaubsansprüche bzw. deren Abgeltung in Geld gemeint sind.

Nach § 3 Abs. 1 BUrlG beträgt der gesetzliche Mindesturlaub 24 Werktage – die Samstage zählen dazu. Das BUrlG schreibt insoweit vor, dass dieser gesetzliche Mindesturlaub nicht zu Ungunsten des Arbeitnehmers abdingbar ist.

29.1 Kein Verzicht auf 24 Urlaubstage

Was ist die Folge dieser Unabdingbarkeit? Der ausgeschiedene Arbeitnehmer hat neben der Abfindung noch einen weiteren Zahlungsanspruch auf Abgeltung des gesetzlichen Mindesturlaubs, den er im laufenden Jahr nicht erhalten hat. Diesen kann er aufgrund des Aufhebungsvertrages auch nicht mehr gewährt bekommen. In unserem Fall unterliegt der Personalleiter einem Irrtum. Herr Müller hat bislang nur 10 Urlaubstage in Anspruch genommen, damit stehen ihm für dieses Kalenderjahr noch weitere 14 Werktage Mindesturlaub zu. Diese kann er nach dem 31.12. nicht mehr in Anspruch nehmen, so dass die Spedition diese 14 Urlaubstage tatsächlich abgelten muss – neben der Abfindung.

Achtung:
Ein Arbeitnehmer kann hingegen über den gesetzlichen Mindesturlaub hinausgehenden vertraglichen Mehrurlaub frei verfügen. Das heißt auch, dass er in einem Aufhebungsvertrag auf diese Urlaubstage, die über den gesetzlichen Mindesturlaub hinausgehen, verzichten kann. In unserem Fall stehen Herrn Müller sogar 30 Tage Urlaub zu, so dass er über weitere 6 Tage, die über den gesetzlichen Anspruch hinaus gehen, frei verfügen kann. Auf diesen Urlaub und auch auf dessen Abgeltung hat Herr Müller wirksam im Aufhebungsvertrag verzichtet.

29.2 Meine Tipps

Tipp 1: Urlaubsbescheinigung ausstellen

Wenn ein Mitarbeiter ausscheidet, sollten Sie die Urlaubssituation genau prüfen. Zum einen, um eine Urlaubsbescheinigung, die zu den Arbeitspapieren gehört, ordnungsgemäß ausfüllen zu können. Zum anderen, um z. B. bei der Berechnung einer Abfindung nicht von weiteren Urlaubsabgeltungsansprüchen überrascht zu werden.

29.3 Arbeitshilfen auf der CD-ROM

Muster Urlaubsbescheinigung

Name ...., Vorname ...., geb. am ....

wohnhaft in (PLZ, Ort, Straße und Nr.) ....

in unserer Firma beschäftigt von .... bis ....

Das Arbeitsverhältnis ist am .... beendet worden. Der volle gesetz-/tarif-/arbeitsvertragliche Jahresurlaub beträgt .... Tage im Kalenderjahr.

Für das laufende Kalenderjahr .... wurden hiervon .... Tage von uns gewährt. Es wurden .... Tage abgegolten. Darüber hinaus wurden .... Tage Zusatzurlaub für .... gewährt.

30 Urlaubsansprüche kann ich jederzeit abgelten

Nein! Der Urlaub ist grundsätzlich in Form von Freizeit zu gewähren. Nur in Ausnahmefällen kann der Urlaubsanspruch in Geld abgegolten werden. Dieser Grundsatz basiert auf dem Erholungsgedanken des Bundesurlaubsgesetzes.

Beispiel: Abgekaufter Urlaub

Die Spedition Maier hat gerade in der Urlaubszeit mit einem Großauftrag zu kämpfen. Herr Müller will sich ein neues Auto kaufen und verzichtet daher in diesem Jahr auf eine Urlaubsreise. Als der Personalchef dies erfährt, schlägt er Herrn Müller vor, seine drei Wochen Urlaub gar nicht anzutreten. Das würde sich die Spedition auch was kosten lassen.

Das BUrlG bestimmt, dass Urlaub in Form von Freizeit zu gewähren und zu nehmen ist. Die finanzielle Urlaubsabgeltung durch Geld anstelle der Freistellung von der Arbeitspflicht widerspricht diesem Grundsatz. Deshalb ist die Abgeltung des Urlaubsanspruches durch Zahlung von Geldbeträgen *im bestehenden Arbeitsverhältnis* unwirksam. Das gilt auch für unseren Beispielsfall. Spätestens bei der Prüfung der Personalunterlagen durch die Krankenkasse wird die Spedition Maier Schwierigkeiten bekommen, wenn sie ihren Mitarbeitern den Urlaub „abkauft".

Achtung:

Eine finanzielle Abgeltung des Urlaubsanspruchs kommt auch dann nicht in Betracht, wenn die Erfüllung des Urlaubsanspruches nicht oder nicht mehr möglich ist, etwa weil der Arbeitnehmer durch Krankheit an der Erbringung seiner Arbeitsleistung gehindert ist. In einem solchen Fall erlischt der Urlaub spätestens nach Auslaufen des Übertragungszeitraumes (31.3. des Folgejahres) ersatzlos. Eine Abgeltung ist nicht zu zahlen.

Wer also wegen Arbeitsunfähigkeit seinen Urlaub bis zum 31.3. des Folgejahres nicht in Anspruch nehmen konnte, der erhält auch keinen finanziellen Ausgleich. Vielmehr erlischt sein Anspruch. Ist das Arbeitsverhältnis hingegen beendet, so gestattet § 7 Abs. 4 BUrlG nicht nur die Abgeltung, sondern schreibt diese sogar zwingend vor.

30.1 In diesen Fällen müssen Sie abgelten!

Kann der gesetzliche Erholungsurlaub wegen Beendigung des Arbeitsverhältnisses ganz oder teilweise nicht mehr gewährt werden, so müssen Sie ihn abgelten. Ausschließlich in diesem Fall kann und muss der Urlaubsanspruch abgegolten werden. Einzige Voraussetzung für das Entstehen eines Abgeltungsanspruches nach § 7 Abs. 4 BUrlG ist, dass der Urlaub in Gestalt von Freizeit wegen der Beendigung des Arbeitsverhältnisses ganz oder teilweise nicht mehr genommen werden kann. Es spielt keine Rolle, ob es vor Beendigung des Arbeitsverhältnisses möglich oder unmöglich war, dem Arbeitnehmer Urlaub in Gestalt von Freizeit zu gewähren. Ebenso wenig ist die erfolglose Geltendmachung des Urlaubs durch den Arbeitnehmer Voraussetzung des Abgeltungsanspruchs.

30.2 Meine Tipps

Tipp 1: Abgeltungsanspruch richtig ermitteln

Wollen Sie Urlaubsansprüche abgelten, so müssen Sie die Höhe des Abgeltungsanspruches ermitteln. Für die Berechnung der konkreten Höhe gelten dieselben Regeln wie für die Berechnung des Urlaubsentgelts. Bezugszeitraum ist der Zeitraum der letzten 13 Wochen vor Beendigung des Arbeitsverhältnisses. Errechnen Sie also den durchschnittlichen werktägliche Arbeitsverdienst in diesem Zeitraum und multiplizieren ihn mit den abzugeltenden Urlaubstagen. Wenn sich bei der Berechnung Urlaubsbruchteile von mindestens einen halben Tag ergeben, so müssen Sie diesen auf einen vollen Urlaubstag aufrunden. (Bei 6,7 Urlaubstagen sind 7 Tage abzugelten, bei 6,4 Urlaubstagen müssen Sie genau diese 6,4 Tage abgelten.)

Tipp 2: Was zählt zur Grundvergütung?

Bei der Berechnung des Urlaubsentgelts, das Sie während der Dauer des Urlaubs weiterzahlen, ist nach § 11 Abs. 1 BUrlG der Betrag zugrunde zu legen, den der Arbeitnehmer durchschnittlich in den letzten 13 Wochen vor Urlaubsbeginn verdient hat. Dafür müssen Sie zunächst die Grundvergütung zugrundelegen.
Dazu gehören auch die folgenden Vergütungsbestandteile:

- Zulagen, wie Verheiratetenzuschlag, Kinderzulagen, etc.,
- Gewinn- und Umsatzbeteiligungen, sofern sie nicht aufs Jahr bezogen gezahlt werden,
- Akkord- und Leistungsprämien,
- Provisionen,
- Sonn- und Feiertagszuschläge im Berechnungszeitraum,
- Sachbezüge,
- Zeitzuschläge für Nachtarbeit.

Zur Grundvergütung zählen hingegen nicht:

- einmalige Leistungen wie Weihnachtsgratifikationen, 13. Monatsgehalt, Treueprämien,
- zusätzliches Urlaubsgeld,
- Aufwandsentschädigungen, die nur bei Anfall gewährt werden,
- Spesen,
- bezahlte Arbeitspausen,
- einmalige tarifliche Sonderzahlungen und vermögenswirksame Leistungen.

Diese Zahlungen bleiben unberücksichtig und fließen somit nicht in Ihre Berechnungen zum Urlaubsentgelt ein.

Tipp 3: Überstunden bleiben unberücksichtigt

Überstundenvergütungen sind nicht mehr in die Berechnung des Urlaubsentgelts einzubeziehen – so entschied das BAG. Wenn Sie also den Durchschnittsverdienst der letzten 13 Wochen für einen Mitarbeiter ermitteln, lassen Sie die Überstunden unberücksichtigt.

Fallen und Irrtümer bei Mutterschutz und Elternzeit

31 Anfang und Ende der Mutterschutzfristen stehen fest

Nein, wenn ein Kind während der vorgeburtlichen Mutterschutzfrist früher als errechnet geboren wird, dann verkürzt sich diese Frist. Allerdings werden die nicht „verbrauchten" Tage dieser Frist der nachgeburtlichen Schutzfrist hinzugerechnet.

Beispiel: Rückkehrdatum steht fest

Die Sekretärin der Spedition Maier wartet auf den Geburtstermin ihres Kindes und zwei Wochen der Mutterschutzfrist sind schon vergangen. Der 1.1. ist der errechnete Geburtstermin. Nach Ablauf der nachgeburtlichen Schutzfrist will die Sekretärin sofort wieder zum Arbeiten kommen. Für den Personalleiter steht deshalb fest, dass die Mitarbeiterin auf jeden Fall acht Wochen nach dem errechneten Geburtstermin – also am 28.2. – die Arbeit wieder aufnimmt. Allerdings wird das Kind nun schon am 16.12. geboren.

Die Beschäftigung werdender Mütter in den letzten sechs Wochen vor der Entbindung ist grundsätzlich verboten. Für die Berechnung der Schutzfrist ist das ärztliche Zeugnis maßgebend, das den mutmaßlichen Tag der Entbindung ausweist.

31.1 Wann beginnt die Mutterschutzfrist?

Das Beschäftigungsverbot erfasst volle sechs Wochen vor dem Tag der mutmaßlichen Entbindung. Der letzte Tag der Schutzfrist ist also der Tag unmittelbar vor der Entbindung. Der erste Tag ist damit derjenige, der sechs Wochen vor dem mutmaßlichen Entbindungstermin liegt. Lassen Sie mich es Ihnen anhand eines Beispiels verdeutlichen: Wird für die Entbindung ein Mittwoch errechnet (16.10.), so ist der erste Tag der Schutzfrist derjenige Mittwoch, der sechs Wochen vor dem Tag der Entbindung liegt (4.9.). Der Mutterschutz beginnt an diesem Tag um 0.00 Uhr mit Beginn des Tages. Von dem errechneten ersten Tag des Mutterschutzes an dauert der Mutterschutz bis zur tatsächlichen Entbindung. Wird das Kind früher geboren als am prognostizierten Entbindungstag, verkürzt sich die vorgeburtliche Mutterschutzfrist; die nachgeburtliche Mutterschutzfrist verlängert sich um dieselbe Zeitspanne bei jeder vorzeitigen Entbindung. Wird das Kind später geboren, verlängert sich die vorgeburtliche Mutterschutzfrist, ohne dass dies Auswirkungen auf die nachgeburtliche Schutzfrist hätte.

Achtung:
Wird der mutmaßliche Entbindungstermin durch eine spätere ärztliche Untersuchung genauer bzw. anders bestimmt, so kann das neue ärztliche Zeugnis das alte ersetzen. Die Arbeitnehmerin ist aus der arbeitsrechtlichen Treuepflicht verpflichtet, dem Arbeitgeber etwaige Änderungen des mutmaßlichen Tags der Entbindung mitzuteilen.

In unserem Beispielsfall kehrt die Mitarbeiterin also nicht acht Wochen nach dem zunächst errechneten Geburtstermin zur Arbeit zurück. Vielmehr verlängert sich ihre nachgeburtliche Schutzfrist um die Anzahl der Tage, die das Kind zu früh geboren wurde. Anfang und Ende der Mutterschutzfristen können also variieren.

31.2 Meine Tipps

Tipp 1: Werdende Mütter können freiwillig arbeiten

Die Beschäftigung werdender Mütter sechs Wochen vor dem errechneten Geburtstermin ist grundsätzlich verboten. Eine schwangere Mitarbeiterin kann sich jedoch jederzeit frei widerruflich zur Arbeitsleistung ausdrücklich bereit erklären und damit das Beschäftigungsverbot außer Kraft setzen. Das ist ihr gem. § 3 Abs. 2 Mutterschutzgesetz (MuSchG) erlaubt. Ein solches Angebot können Sie unbedenklich annehmen.

Tipp 2: Nach Entbindung ist Arbeiten verboten

Nach der Entbindung besteht in der ersten Zeit ein absolutes, generelles Beschäftigungsverbot. Auf dieses Beschäftigungsverbot kann die Mutter anders als vor der Entbindung grundsätzlich nicht verzichten. Sollte Ihnen eine Mitarbeiterin trotzdem mitteilen, während der nachgeburtlichen Schutzfrist arbeiten zu wollen, lehnen Sie dies besser ab. Es handelt sich hierbei um ein generelles Verbot, dass von keinem der Beteiligten außer Acht gelassen werden kann.

Tipp 3: Bei Zwillingen verlängert sich die Frist

Die nachgeburtliche Mutterschutzfrist dauert grundsätzlich acht Wochen. Bei Mehrlingsgeburten, also der gleichzeitigen Entbindung von mindestens zwei Kindern, verlängert sich die Frist auf 12 Wochen. Gleiches gilt bei Frühgeburten. Ob eine Frühgeburt vorliegt, beurteilt sich aber nicht nach dem Zeitpunkt der Geburt. Sie liegt vielmehr dann vor, wenn das Geburtsgewicht des Kindes unter 2500 Gramm liegt. Gleiches gilt, wenn das Kind trotz höheren Geburtsgewichts wegen noch nicht voll ausgebildeter Reifezeichen oder wegen verfrühter Beendigung der Schwangerschaft einer wesentlich erweiterten Pflege bedarf.

Bitten Sie gegebenenfalls Ihre Mitarbeiterinnen, Ihnen ein ärztliches Attest darüber vorzulegen, ob es sich um eine Frühgeburt handelt. Nur dann können Sie verlässlich die Mutterschutzfristen berechnen – also entscheiden, ob acht oder zwölf Wochen maßgeblich sind.

32 Eine Schwangerschaft muss mir sofort mitgeteilt werden

Nein! Eine Mitarbeiterin kann den Zeitpunkt, wann sie Sie über ihre Schwangerschaft in Kenntnis setzen will, frei wählen.

Beispiel: Frist versäumt?

Die Sekretärin der Spedition Maier teilt erst recht spät ihrem Arbeitgeber mit, dass sie schwanger ist. Der Personalleiter ist darüber sehr erbost und meint, die Mitarbeiterin habe eine Frist versäumt. Der Arbeitgeber müsse nun auf die Schwangerschaft keine Rücksicht nehmen.

Der Mutterschutz wirkt grundsätzlich unabhängig davon, ob der Arbeitgeber vom Bestand des Schutzes weiß oder nicht.

32.1 Schutz erst ab Kenntnis des Arbeitgebers

Ein Arbeitgeber kann die Mutterschutznormen nur befolgen, wenn er von einer Schwangerschaft Kenntnis hat. So obliegen auch der Spedition in unserem Beispielfall sämtliche Schutzvorschriften u.ä. für Schwangere. Eine Frist hatte die schwangere Mitarbeiterin jedoch nicht einzuhalten. Die Mitteilungspflicht der Schwangeren ist eine „Soll-Vorschrift". Der Arbeitgeber kann also nicht durchsetzen, dass die Schwangere die Mitteilung vornimmt. Der Arbeitnehmerin ist es unbenommen, die Schwangerschaft zu verschweigen und eine Mitteilung erst zu einem späteren Zeitpunkt vorzunehmen. Eine Form der Mitteilung ist nicht vorgeschrieben.
Solange Sie als Arbeitgeber aber keine Kenntnis bzgl. der Schwangerschaft haben, können Sie auch nicht wegen Nichteinhaltung der Schutzvorschriften für Mutter und Kind in Anspruch genommen werden. Insbesondere können Sie nicht nach den Straf- und Ordnungswidrigkeitsvorschriften des § 21 MuSchG belangt werden.

32.2 Meine Tipps

Tipp 1: Auf versteckte Mitteilungen achten

Eine Schwangere kann Sie als Arbeitgeber sowohl mündlich als auch schriftlich informieren. Es reicht vollkommen aus, wenn Sie die Schwangerschaft ihrem Vorgesetzten mitteilt. Auch die Vorlage einer ärztlichen Bescheinigung über die Arbeitsunfähigkeit infolge einer Schwangerschaftserkrankung genügt nach Ansicht des BAG. Achten Sie also auf die Atteste, die Ihnen vorgelegt werden. Unter Umständen handelt es sich dabei um eine „versteckte" Mitteilung über eine Schwangerschaft. Den Gesundheitsschutz für werdende Mütter bzw. die Beschäftigungsverbote mit bestimmten Arbeiten z. B. müssen Sie ab Kenntnisnahme einhalten.

Tipp 2: Generelles Verbot der Nachtarbeit

Schwangeren ist u.a. die Nachtarbeit verboten. Darunter versteht das Gesetz die Arbeit zwischen 20.00 und 6.00 Uhr.

Die Nachtarbeit ist generell verboten und wird in § 8 Abs. 3 MuSchG in den ersten vier Monaten der Schwangerschaft für einzelne Fälle ausnahmsweise erlaubt

- in Gast- und Schankwirtschaften sowie im übrigen Beherbergungswesen bis 22.00 Uhr,
- in der Landwirtschaft (nur) mit dem Melken von Vieh ab 5.00 Uhr,
- für Künstlerinnen bei Musikaufführungen, Theatervorstellungen und ähnlichen Aufführungen bis 23.00 Uhr.

33 Mutterschutz – Da kürze ich das Weihnachtsgeld

Wenn Sie die Gratifikationen kürzen oder gar nicht zahlen wollen, weil die Ausfallzeiten auf Grund der Mutterschutzfristen zu umfangreich waren, dann ist das grundsätzlich möglich. Allerdings müssen Sie diesbezüglich eine Vereinbarung treffen.

Beispiel: Weihnachtsgeld entfällt?

Die Sekretärin der Spedition Maier nimmt seit September ihren Mutterschutz in Anspruch. Als mit dem Novembergehalt wie jedes Jahr das Weihnachtsgeld ausbezahlt wird, findet sie auf ihrer Lohnabrechnung keine Weihnachtsgeldzahlung. Kann sie die Gratifikation verlangen?

Nach der früheren Rechtsprechung des Bundesarbeitsgerichts waren Fehlzeiten aufgrund der Mutterschutzfrist der §§ 3, 6 MuSchG für die Zahlung einer tariflichen Jahresleistungsprämie einer tatsächlichen Arbeitsleistung gleichzusetzen. Die werdende Mutter war so zu behandeln, als hätte sie gearbeitet. Und damit musste auch jede Gratifikation bezahlt werden.

33.1 Kürzung der Gratifikation ist zulässig

Diese Auffassung wird vom Bundesarbeitsgericht heute nicht mehr vertreten. Zutreffend führt die oberste Instanz in Arbeitssachen aus, dass die Vertragsparteien auch Fehlzeiten, für die ein gesetzlicher Anspruch auf Entgeltfortzahlung besteht, als anspruchsmindernd oder -ausschließend bestimmen können. Das Gesetz verlange keine weitergehende Sicherung der schwangeren Arbeitnehmerin. Es ist also grundsätzlich möglich, wegen der Mutterschutzfristen eine Gratifikation zu kürzen bzw. aufzuheben.

Achtung:
Wenn eine Regelung im Arbeitsvertrag den Anspruch auf eine Gratifikation davon abhängig macht, dass der Arbeitnehmer im Berechnungszeitraum eine Zeit tatsächlich gearbeitet hat, gilt die Zeit während der Beschäftigungsverbote nach §§ 3, 6 MuSchG nicht als Zeit einer tatsächlichen Arbeitsleistung.

Ihre vertragliche Vereinbarung kann also zwischen einem Arbeitsverhältnis, das unter Erfüllung der beiderseitigen Hauptleistungspflichten vollzogen wird, und einem ruhenden Arbeitsverhältnis differenzieren.

Damit sind Kürzungen von Gratifikation wegen mutterschutzbedingten Arbeitsausfalls zulässig. Das „Ob" der Kürzung hängt allerdings in jedem Fall von der konkreten Ausgestaltung der Gratifikation in Tarifvertrag, Betriebsvereinbarung oder einzelvertraglicher Regelung ab. Die Kürzung muss dort ausdrücklich vorgesehen sein.

33.2 Meine Tipps

Tipp 1: Was gilt bei leistungsbezogener Vergütung?

Haben Sie für den Fall, dass das Arbeitsverhältnis ruht, hinsichtlich einer Gratifikation keine Vereinbarung in den Arbeitsverträgen getroffen, kommt es darauf an, was die Auslegung Ihrer vertraglichen Vereinbarung ergibt: Soll es sich um einen Teil der im Austauschverhältnis zur Arbeitsleistung stehenden Vergütung handeln (z. B. echtes 13. Gehalt), so entsteht kein anteiliger Anspruch des Arbeitnehmers für Zeiten, in denen das Arbeitsverhältnis geruht hat.

Tipp 2: Was gilt bei Gratifikationen?

Ergibt die Auslegung Ihrer Verträge, dass es sich um eine Leistung ohne direkten Entgeltcharakter, also um eine Gratifikation handelt, dürfen Sie eine Kürzung nur vornehmen, wenn Sie dies ausdrücklich mit Ihren Arbeitnehmern vereinbart haben. Auf der beiliegenden CD-ROM sowie unter 33.3 finden Sie eine Musterklausel, die Sie in Ihren Arbeitsverträgen verwenden können.

Tipp 3: Was ist die richtige Quote?

Noch nicht vollständig geklärt ist, mit welcher Quote pro Fehltag die Kürzung vorgenommen werden kann. Für krankheitsbedingte Fehlzeiten hatte die Rechtsprechung vor In-Kraft-Treten des jetzigen § 4a EFZG Quoten von 1/30 pro Fehltag in einer Betriebsvereinbarung oder von 1/60 in einer einzelvertraglichen Bestimmung gebilligt. Obwohl es sich bei diesen Quoten um solche zum Entgeltfortzahlungsgesetz handelte, ist eine Übertragung dieser Quoten durch die Rechtsprechung auf mutterschutzbedingte Fehlzeiten nicht ausgeschlossen. Sie können also in Ihrer Vereinbarung auch auf eine solche Quote zurückgreifen.

33.3 Arbeitshilfen auf der CD-ROM

Für Zeiten des Mutterschutzes oder Elternzeit (gleiches gilt z. B. auch für Wehr- und Ersatzdienst) können Sie die Gratifikationen nur kürzen, wenn Sie es zuvor mit Ihren Mitarbeitern vereinbart haben. Diese Musterklausel können Sie in Ihren Arbeitsverträgen verwenden.

Musterklausel: Gratifikation während Mutterschutz

Es erfolgt in Fällen, in denen das Arbeitsverhältnis im Verlaufe des Jahres ruhte oder am Auszahlungstag noch ruht, z.B. wegen

- Wehr- oder Ersatzdienstes,
- Elternzeit,
- Mutterschutzfristen bzw. Beschäftigungsverbote,
- befristeter Zuerkennung einer Erwerbsunfähigkeitsrente

ein Abzug in Höhe von 1/12 für jeden vollen Kalendermonat, in dem das Arbeitsverhältnis bzw. Pflichten hieraus auf Grund der aufgezählten Fälle oder anderer Gegebenheiten ruhte oder noch ruht.

34 Ist das Kind krank, darf die Mutter zu Hause bleiben

Laut § 616 BGB kann ein Arbeitnehmer persönlich an der Arbeitsleistung verhindert sein und verliert deshalb seinen Anspruch auf Fortzahlung des Gehalts nicht. Unter diese Norm fällt auch die Pflege naher Angehöriger bzw. erkrankter Kinder. Der Anspruch gilt für beide Elternteile, unterliegt allerdings sehr strengen Voraussetzungen.

Beispiel: Kind krank – Mutter zu Hause

Frau Müller – Sekretärin der Spedition Maier – kommt am Dienstag nicht zur Arbeit. Sie ruft morgens an und teilt mit, dass ihr siebenjähriger Sohn eine Erkältung habe und sie deshalb in dieser Woche gar nicht mehr zur Arbeit kommen kann. Der Personalchef ist damit nicht einverstanden, zumal er weiß, dass die Großmutter des Kindes Rentnerin ist und im Haushalt von Frau Müller lebt. Ein ärztliches Attest legt Frau Müller nicht vor.

Wenn ein Arbeitnehmer nach ärztlichem Zeugnis ein krankes Kind betreuen muss und die Betreuung durch eine andere Person nicht möglich oder zumutbar ist, sind die Voraussetzungen des § 616 BGB erfüllt.

34.1 Was ist verhältnismäßig nicht erheblich?

Ein Arbeitnehmer hat nach § 616 BGB dann Anspruch auf Entgeltfortzahlung, wenn er aus persönlichen Gründen für eine *„verhältnismäßig nicht erhebliche“* Zeit ohne Verschulden seine Arbeit nicht erbringen kann. Ein persönlicher Grund ist auch die Betreuung eines kranken Kindes, wenn nach ärztlichem Zeugnis die Betreuung auf andere Weise als durch den Arbeitnehmer nicht gewährleistet werden kann.

Achtung:
Als „verhältnismäßig nicht erheblich" gilt laut Rechtsprechung ein Zeitraum von fünf Arbeitstagen.

In unserem Beispielfall fehlt es zunächst an einem ärztlichen Attest. Außerdem hätte wahrscheinlich auch die Großmutter die Pflege des Kindes übernehmen können. Der Personalleiter sollte Frau Müller unbedingt auf das fehlende Attest aufmerksam machen. Darüber hinaus kann er auch die Verweigerung der Entgeltfortzahlung in Betracht ziehen.

Achtung:
Der Arbeitnehmer hat zunächst die Pflege und Betreuung des kranken Kindes auf andere Weise sicherzustellen, etwa durch andere Verwandte, die während der Arbeitszeit die Pflege übernehmen können. Bei Kindern hängt die Pflegebedürftigkeit auch vom Alter ab. Bis zu einem Alter von acht Jahren dürfte sie bei ernsthafter Krankheit regelmäßig zu bejahen sein, mit steigendem Alter steigen die Anforderungen. Eine ärztliche Bescheinigung genügt in der Regel für den Nachweis, dass ein krankes Kind der Pflege bedarf. Kommen nur der Vater oder die Mutter als geeignete Pflegepersonen in Betracht und sind sie beide berufstätig, so können grundsätzlich die Eltern darüber entscheiden, wer von ihnen die Pflege übernehmen soll. Auf die Belange des Arbeitgebers sollten sie dabei Rücksicht nehmen; ob sie dazu sogar verpflichtet sind, ist in der rechtswissenschaftlichen Literatur umstritten.

Bezahlt oder unbezahlt freigestellt?

Neben § 616 BGB begründet § 45 SGB V einen Anspruch auf *unbezahlte* Freistellung. Voraussetzung ist, dass das Fernbleiben des Arbeitnehmers von der Arbeit erforderlich ist zur Beaufsichtigung, Betreuung oder Pflege des erkrankten Kindes. Auch hier muss ein ärztliches Zeugnis vorgelegt werden. Dieser Anspruch ist subsidiär, er greift also nur, wenn der Arbeitnehmer keinen Anspruch auf bezahlte Freistellung nach § 616 BGB hat.
Auch eine Addition bezahlter und unbezahlter Freistellung ist möglich; an eine bezahlte Freistellung nach § 616 BGB kann sich für die Restlaufzeit die unbezahlte nach § 45 SGB V anschließen.

Achtung:

Der Anspruch nach § 45 SGB V besteht nur für gesetzlich krankenversicherte Arbeitnehmer. Sie können vom Arbeitgeber unbezahlte Freistellung von der Arbeit und von der Krankenkasse Krankengeld beanspruchen, wenn

- es nach ärztlichem Zeugnis erforderlich ist, dass der Arbeitnehmer zur Beaufsichtigung, Betreuung oder Pflege eines erkrankten versicherten Kindes der Arbeit fernbleibt,
- eine andere im Haushalt des Arbeitnehmers lebende Person die Beaufsichtigung, Betreuung oder Pflege nicht übernehmen kann und
- das Kind das 12. Lebensjahr noch nicht vollendet hat.

Dieser Anspruch besteht nach § 45 Abs. 2 SGB V in jedem Kalenderjahr für jedes Kind längstens für 10 Arbeitstage, für allein erziehende Versicherte längstens für 20 Arbeitstage. Bei mehreren zu betreuenden Kindern beträgt der Höchstanspruch 25 Arbeitstage, für allein erziehende Versicherte 50 Arbeitstage im Kalenderjahr.

Unbezahlte Freistellung in Härtefällen

Darüber hinaus können gesetzlich krankenversicherte Arbeitnehmer nach § 45 Abs. 4 SGB V eine unbefristete unbezahlte Freistellung zur Betreuung ihres erkrankten versicherten Kindes beanspruchen, wenn das Kind das 12. Lebensjahr noch nicht vollendet hat und behindert oder auf Hilfe angewiesen ist. Weitere Voraussetzung ist eine ärztlich attestierte Erkrankung,

- die bereits ein weit fortgeschrittenes Stadium erreicht hat,
- bei der eine Heilung ausgeschlossen und eine palliativmedizinische Behandlung notwendig oder von einem Elternteil erwünscht ist,
- die lediglich eine begrenzte Lebenserwartung von Wochen oder wenigen Monaten erwarten lässt.

Dieser Anspruch besteht nur für einen Elternteil. Für die Dauer des Anspruchs wird Krankengeld gewährt – Sie als Arbeitgeber müssen das Elternteil also von der Arbeit freistellen, aber keine Entgeltfortzahlung leisten.

Achtung:
Anspruch auf unbezahlte Freistellung haben nach § 45 Abs. 5 SGB auch Arbeitnehmer, die nicht in der gesetzlichen Krankenversicherung mit Anspruch auf Krankengeld versichert sind (z. B. privatversicherte Beschäftigte). Sie müssen also auch einem privatversicherten Mitarbeiter die Freistellung einräumen, wenn die sonstigen Voraussetzungen des § 45 Abs. 3, 4 SGB V gegeben sind.

34.2 Meine Tipps

Tipp 1: Bezahlte Freistellung vertraglich ausschließen

Der gesetzliche Anspruch nach § 616 BGB auf Freistellung und Entgeltfortzahlung kann durch Tarifvertrag, Betriebsvereinbarung oder Arbeitsvertrag eingeschränkt oder ausgeschlossen werden. Häufig wird in Tarifverträgen abschließend festgelegt, bei welchen Tatbeständen und in welchem Umfang jeweils der Arbeitnehmer unter Freistellung von seiner Verpflichtung zur Arbeitsleistung einen Anspruch auf Arbeitsentgelt behält. In Ihren Arbeitsverträgen können Sie, um den Anspruch auszuschließen, folgende Klausel aufnehmen: *„Vergütet wird nur die geleistete Arbeit. Ansprüche nach § 616 BGB sind ausgeschlossen."*

Tipp 2: Freistellung ist Pflicht

Der Anspruch auf unbezahlte Freistellung von der Arbeit zur Pflege eines erkrankten Kindes beträgt 10 Arbeitstage, für Alleinerziehende 20 Arbeitstage (pro Kalenderjahr insgesamt max. 25/50 Arbeitstage). Für diesen Zeitraum muss die Krankenkasse Krankengeld zahlen – sofern der Arbeitnehmer gesetzlich versichert ist. Das Kind darf das zwölfte Lebensjahr nicht vollendet haben. Den Anspruch auf Freistellung (nicht Bezahlung) nach § 45 SGB V dürfen Sie nicht – anders als den nach § 616 BGB – durch Betriebsvereinbarung oder durch Arbeitsvertrag zum Nachteil des Arbeitnehmers ändern.

35 Elternzeitende: Mitarbeiter muss zurück auf alten Arbeitsplatz

Während der Elternzeit ruht das Arbeitsverhältnis, danach leben die Rechte und Pflichten von Arbeitnehmer und Arbeitgeber wieder auf. Das heißt jedoch nicht, dass der Arbeitnehmer auf dem alten Arbeitsplatz beschäftigt werden muss.

Beispiel: Rückkehr mit Überraschung

Die gelernte Buchhalterin war vor ihrer Elternzeit als Sekretärin bei der Spedition Maier beschäftigt. Nach Rückkehr aus der Elternzeit möchte sie auch wieder als Sekretärin arbeiten. Der Personalleiter verweist sie jedoch auf eine Position in der Buchhaltung. Zu Recht?

Das Ruhen des Arbeitsverhältnisses endet mit Ablauf der Elternzeit. Die Leistungspflichten der Arbeitsvertragsparteien leben in vollem Umfang wieder auf. Der Arbeitnehmer muss ohne gesonderte Aufforderung durch den Arbeitgeber in den Betrieb zurückkehren.

35.1 Darauf besteht Anspruch bei Rückkehr

Der Arbeitnehmer hat bei seiner Rückkehr grundsätzlich keinen Anspruch auf seinen alten Arbeitsplatz, selbst wenn dieser noch besteht. Er muss lediglich entsprechend den Abmachungen in seinem Arbeitsvertrag beschäftigt zu werden. Sie als Arbeitgeber können ihn daher auf Grund Ihres arbeitsrechtlichen Direktionsrechts auf allen Arbeitsplätzen einsetzen, auf denen der Arbeitnehmer die arbeitsvertraglich vereinbarte Leistung erbringen kann. In der Regel können Sie einen Rückkehrer aus der Elternzeit also an jedem Arbeitsplatz einsetzen, der *zumutbar und gleichwertig* im Vergleich zum alten Arbeitsplatz ist. In unserem Beispielsfall ist der Arbeitsplatz in der Buchhaltung für die Rückkehrerin– zumal es sich um eine gelernte Buchhalterin handelt – durchaus zumutbar.

Achtung:
Will der Arbeitgeber den Arbeitnehmer auf eine Weise einsetzen, die nicht vom Arbeitsvertrag gedeckt ist, so bedarf es eines Änderungsvertrags oder der Änderungskündigung. Bei letzterer muss der Arbeitgeber jedoch die allgemeinen Kündigungsfristen einhalten. Unmittelbar nach Ende der Elternzeit muss zudem der Sonderkündigungsschutz des Arbeitnehmers beachtet werden. Im Ergebnis wird eine Änderungskündigung während der Elternzeit, die sogleich mit Ende der Elternzeit Wirkungen entfalten soll, wohl im Regelfall nicht möglich sein.

Nach der Elternzeit hat der Arbeitnehmer keinen Anspruch auf Umwandlung eines früheren Vollzeitarbeits- in ein Teilzeitarbeitsverhältnis. Auch wenn er während der Elternzeit in Teilzeit gearbeitet hat, steht ihm nach Ende der Elternzeit kein Wahlrecht zu. So spricht 15 Abs. 5 Satz 2 BErzGG von einem „Recht“ des Arbeitnehmers, „nach der Elternzeit zu der Arbeitszeit zurückzukehren, die er vor Beginn der Elternzeit hatte“. Das BErzGG will nur die von ihm erfasste Zeit der Kindererziehung regeln, nicht aber die gesamte Folgezeit des Arbeitsverhältnisses. Für die Zeit nach Ende der Elternzeit richtet sich ein Anspruch auf Arbeitszeitreduzierung ausschließlich nach § 8.Teilzeitbefristungsgesetz.

35.2 Meine Tipps

Tipp 1: Elternzeit richtig managen

Wenn ein Mitarbeiter Elternzeit in Anspruch nimmt, bedeutet das immer erhöhten Planungsaufwand in der Personalarbeit. Um die wesentlichen Informationen von Ihren Mitarbeitern möglichst zeitnah zu erhalten, können Sie ihnen einen Antrag zur Verfügung stellen. Ein Muster erhalten Sie auf der beiliegenden CD-ROM sowie unter 35.3. Wenn Sie den Antrag unterschrieben zurückerhalten haben, notieren Sie sich die entsprechenden Fristen, ob eine Teilzeitbeschäftigung während der Elternzeit vereinbart wurde, wie viel Tage Urlaub im laufenden Kalenderjahr noch zu gewähren sind, ob anteilige Sonderzahlungen zu leisten sind und wer von wann bis wann die Vertretung übernimmt.

Tipp 2: Personalakte vervollständigen

Die Beantragung der Elternzeit ist ein einseitiges Gestaltungsrecht des Arbeitnehmers. Hat Ihr Mitarbeiter einen form- und fristgerechten Antrag gestellt, tritt die Elternzeit in Kraft. Eine Genehmigung Ihrerseits ist nicht erforderlich. Allerdings sollten Sie die Elternzeit und deren Folgen für das Arbeitsverhältnis dokumentieren, um später z. B. für die Erteilung des Resturlaubs aus der Zeit vor der Elternzeit oder für die Erstellung eines (Zwischen-)Zeugnisses ausreichende Informationen zu haben. Die Bestätigung, die alle wesentlichen Daten zum Arbeitsverhältnis und der Elternzeit enthalten sollte, nehmen Sie zur Personalakte. Eine Kopie händigen Sie dem Mitarbeiter aus. Sie finden eine solche Bestätigung der Elternzeit auf der CD-ROM und unter 35.3.

Tipp 3: Teilzeit während der Elternzeit

Während der Elternzeit hat Ihr Arbeitnehmer einen Rechtsanspruch auf Reduzierung seiner bisherigen Arbeitszeit auf maximal 30 Wochenstunden für eine Tätigkeit bei Ihnen. Nach dem Gesetz (§ 15Abs. 5 BErzGG) sollten sich Arbeitgeber und Arbeitnehmer innerhalb von vier Wochen ab Geltendmachung des Teilzeitwunsches über das „Ob“ und den Umfang der Teilzeit einigen. Für eine entsprechende Vereinbarung finden Sie dazu einen Mustervertrag auf der beiliegenden CD-ROM.

Gelingt dies nicht, muss der Arbeitgeber den Teilzeitwunsch des Arbeitnehmers innerhalb von vier Wochen mit schriftlicher Begründung ablehnen. Die Ablehnung muss dem Arbeitnehmer fristgerecht zugehen, berechnet wird die Frist ab Zugang des Teilzeitwunsches beim Arbeitgeber.

Der Anspruch auf Verringerung der Arbeitszeit besteht nur unter bestimmten Voraussetzungen. Prüfen Sie anhand der Checkliste auf der folgenden Seite, ob diese in Ihrem Fall vorliegen.

Checkliste
Sie beschäftigen regelmäßig mehr als 15 Arbeitnehmer im Unternehmen (nicht im Betrieb); Auszubildende werden nicht mitgezählt.
Das Arbeitsverhältnis mit Ihrem Arbeitnehmer besteht ununterbrochen bereits länger als 6 Monate.
Die vereinbarte regelmäßige wöchentliche Arbeitszeit soll mindestens 15 Stunden betragen, die Teilzeit soll mindestens drei Monate abgeleistet werden.
Die Höchstarbeitszeit beträgt 30 Wochenstunden.
Der Teilzeit stehen keine dringenden betrieblichen Gründe entgegen. Solche Gründe setzen erhebliche Störungen von Arbeitsablauf oder Arbeitsorganisation im Falle der Gewährung der Teilzeit voraus.
Der Teilzeitwunsch wurde Ihnen acht Wochen oder, wenn die Verringerung unmittelbar nach der Geburt des Kindes oder nach der Mutterschutzfrist beginnen soll, sechs Wochen vor Beginn der Tätigkeit schriftlich mitgeteilt.
Der Antrag muss den Beginn und den Umfang der verringerten Arbeitszeit enthalten. Die gewünschte Verteilung der verringerten Arbeitszeit soll im Antrag angegeben werden.

35.3 Arbeitshilfen auf der CD-ROM

Um alle wesentlichen Informationen über die Elternzeit von Ihren Mitarbeitern möglichst zeitnah zu erhalten, können Sie ihnen das folgende Antragsmuster zur Verfügung stellen.

Antrag auf Elternzeit

Sehr geehrte ....,

ich beantrage für die Zeit vom ... bis ... Elternzeit. Ich versichere, mit dem Kind ..., geb. am ... in einem Haushalt zu leben und das Kind zu betreuen und zu erziehen.

Ort, Datum, Unterschrift des Arbeitnehmers, Antragstellers

Dokumentieren Sie die Elternzeit mit dem folgenden Muster:

Bestätigung der Elternzeit

An ....

Beschäftigt als: ....

Abteilung: ....

Personal-Nr.: ....

Sachbearbeiter: ....

Sehr geehrte(r) ...

hiermit bestätigen wir Ihnen die Elternzeit für das Kind

in der Zeit vom ....bis

und vom......................bis

Der Erholungsurlaub wurde gem. § 17 des Bundeserziehungsgeldgesetzes wie folgt gekürzt:

Jahr	Urlaubstage	Kürzung je voller Kalendermonat	verbleibender Resturlaub
		..../Zwölftel =....Tage	....Tage
		..../Zwölftel =....Tage	....Tage

Der dann noch bestehende Urlaubsanspruch wird übertragen auf das Jahr nach Ende der Elternzeit.

Ihrer beabsichtigten Teilerwerbstätigkeit

☐ in unserem Unternehmen als ....

☐ als Selbstständiger im Bereich..................................
wird ☐ zugestimmt ☐ nicht zugestimmt, weil ....

Der Verlängerung der Elternzeit gem. § 16 Abs. 3 BErzGG bis zum

☐ wird zugestimmt

☐ ja ☐ nein, weil ....

Der vorzeitigen Beendigung der Elternzeit zum

☐ ja ☐ nein, weil ....

Ort, Datum Unterschrift

Fallen und Irrtümer bei der Kündigung

36 Kündigungsschutz nur bei mehr als zehn Mitarbeitern

Nein, so pauschal lässt sich das nicht sagen. Vielmehr kommt es hierbei darauf an, wann die einzelnen Arbeitsverhältnisses begründet wurden.

Beispiel: Kündigungsschutz oder nicht?

Die Spedition Maier hat zehn Arbeitnehmer (fünf Alt-Arbeitnehmer, die am 31. Dezember 2003 schon im Betrieb beschäftigt waren) und fünf Neueingestellte (Arbeitnehmer, deren Arbeitsverhältnis nach dem 31. Dezember 2003 begonnen hat). Der Personalleiter ist sich unsicher, ob er im Falle einer Kündigung die Vorschriften des KSchG beachten muss.

36.1 Kündigungsschutz nach sechs Monaten

Nach § 1 Abs. 1 KSchG ist die Kündigung eines Arbeitnehmers, dessen Arbeitsverhältnis in demselben Betrieb oder Unternehmen länger als sechs Monate bestanden hat, rechtsunwirksam, wenn sie sozial ungerechtfertigt ist. Dieser Kündigungsschutz ist zwingendes Recht. Abweichende Vereinbarungen zum Nachteil des Arbeitnehmers sind unwirksam.

Die Rechtsunwirksamkeit einer sozial ungerechtfertigten Kündigung tritt jedoch nicht automatisch ein, sondern nur, wenn der Arbeitnehmer sie binnen drei Wochen gemäß § 4 KSchG durch Kündigungsschutzklage geltend macht. Nach Ablauf dieser Frist gilt die ordentliche Kündigung gemäß § 7 KSchG als von Anfang an rechtswirksam. Der allgemeine Kündigungsschutz des § 1 KSchG setzt das Vorliegen einer ordentlichen Beendigungskündigung oder einer Änderungskündigung gem. § 2 KSchG durch den Arbeitgeber voraus. Bislang mussten Unternehmen das Kündigungsschutzgesetz nur beachten, wenn sie mehr als fünf Arbeitnehmer beschäftigten. Seit 1.1.2004 findet das Kündigungsschutzgesetz in Betrieben und Verwaltungen, die zehn oder weniger Vollzeitarbeitnehmer beschäftigen, keine Anwendung auf Mitarbeiter, deren Arbeitsverhältnis nach dem 31.12.2003 begonnen hat (§ 23 Abs. 1 KSchG). Ansonsten bleibt es beim bisherigen Schwellenwert von fünf Arbeitnehmern.

Achtung:

Die Änderungen des Kündigungsschutzes führen bei Kündigungen zu differenzierten Folgen: Arbeitnehmer, deren Arbeitsverhältnis am 31.12.2003 in einem Betrieb mit mehr als fünf Arbeitnehmern bestand, genießen den Schutz des KSchG, solange sie in dem betreffenden Unternehmen beschäftigt sind. Fand das KSchG am 31.12.2003 für diese Personengruppe nur deshalb keine Anwendung, weil die jeweilige Betriebszugehörigkeit weniger als sechs Monate betrug, so gilt der Kündigungsschutz unter Zugrundelegung des bisherigen Schwellenwerts von fünf Arbeitnehmern mit Ablauf der Wartezeit. Wird infolge einer Kündigung innerhalb dieser Personengruppe allerdings der Schwellenwert von fünf erreicht bzw. unterschritten, so geht auch für die restlichen Mitarbeiter der Schutz nach dem Kündigungsschutzgesetz unter. Für Arbeitnehmer, deren Arbeitsverhältnis nach dem 31.12.2003 beginnt, gilt für den Kündigungsschutz nach dem Kündigungsschutzgesetz der Schwellenwert zehn.

Für unser Beispiel bedeutet das: Muss einem der Alt-Arbeitnehmer gekündigt werden, findet das KSchG keine Anwendung. Sie waren am 31.12.2003 in einem Unternehmen beschäftigt, das nicht mehr als fünf Arbeitnehmer hatte. Muss einem der Neueingestellten gekündigt werden, genießt diese Gruppe von Mitarbeitern auch keinen allgemeinen Kündigungsschutz, da ihre Arbeitsverhältnisse nach dem 31.12.2003 begonnen haben – und zwar in einem Betrieb, der nicht mehr als zehn Arbeitnehmer beschäftigt. Die insgesamt zehn Mitarbeiter reichen nicht aus. Es müssen mehr als zehn Arbeitnehmer sein, damit das KSchG Anwendung findet. Neben unserem Beispielfall oben sind folgende Konstellationen denkbar:

Beispiel 1:

In einem Betrieb mit zehn Arbeitnehmern (sechs Alt-Arbeitnehmer und vier Neueingestellte) gilt Folgendes: Bei Kündigung eines Alt-Arbeitnehmers (für ihn gilt die „Schwelle 5") findet das KSchG Anwendung. Bei Kündigung eines Neueingestellten (für ihn gilt die „Schwelle 10") findet das KSchG keine Anwendung.

Beispiel 2:

Bei elf Arbeitnehmern (6 Alt-Arbeitnehmer und 5 Neueingestellte) gilt Folgendes: Der Kündigungsschutz betrifft alle Arbeitnehmer, eine Entlassung hat aber unterschiedliche Folgen. Wird ein Neueingestellter entlassen, verlieren alle verbleibenden Neueingestellten den Kündigungsschutz, weil die „Schwelle 10" unterschritten wird. Bei Entlassung eines Alt-Arbeitnehmers verlieren alle verbleibenden Arbeitnehmer den Kündigungsschutz, weil für Alt-Arbeitnehmer die „Schwelle 5" und für die Neueingestellten die „Schwelle 10" unterschritten wird.

36.2 Meine Tipps

Tipp 1: Alt-Arbeitnehmer und Neueingestellte

Wenn Sie prüfen wollen, ob der Kündigungsschutz für eine Kündigung gilt, müssen Sie also zwischen Alt-Arbeitnehmern (Arbeitsverhältnis bestand am 31.12.2003 – „Schwelle 10 und 5" beachten) und Neueingestellten (Arbeitsverhältnis hat erst nach 1.1.2004 begonnen – „Schwelle 10" beachten) unterscheiden.

Tipp 2: Auf die Betriebsgröße kommt es an

Bestimmen Sie vor einer Kündigung Ihre Betriebsgröße! Das gilt vor allem für die Unternehmen, die eine grenzwertige Mitarbeiterzahl von ca. zehn Arbeitnehmer haben.

- Teilzeitbeschäftigte mit einer regelmäßigen wöchentlichen Arbeitszeit von nicht mehr als zwanzig Stunden werden mit dem Faktor 0,5 berücksichtigt.
- Beschäftigte mit einer regelmäßigen wöchentlichen Arbeitszeit von nicht mehr als 30 Stunden haben den Faktor 0,75
- Leitende Angestellte im Sinne des § 14 Abs. 2 KSchG sind bei der Betriebsgröße mitzuzählen, da sie ebenfalls Arbeitnehmer sind.
- Nicht zu berücksichtigen sind Auszubildende nach dem BBiG, aber auch Umschüler.
- Anlernlinge, Praktikanten und Volontäre zählen nur mit, wenn der Schwerpunkt des Vertragsverhältnisses die Arbeitsleistung ist und nicht der Ausbildungszweck im Vordergrund steht.

37 Sonntags kündigen? Ich warte bis zum Montag

Das sollten Sie besser nicht tun. Wenn Sie eine Kündigungsfrist ermittelt haben und sich daraus ergibt, dass die letzte Möglichkeit für den Zugang einer Kündigung ein Sonn- oder Feiertag ist, dann müssen Sie entweder vor diesem Tag aktiv werden oder an diesem Tag den Zugang der Kündigung sicherstellen. Gelingt Ihnen beides nicht, verpassen Sie die Frist.

Beispiel: Frist verlängert sich nicht

Die Spedition Maier muss einem der LKW-Fahrer kündigen. Der Personalleiter ermittelt am Freitagnachmittag (29.1.) die Kündigungsfrist, die drei Monate beträgt. Er will erreichen, dass bereits der Februar in die Kündigungsfrist fällt, der Mitarbeiter also zum 30.4. ausscheidet. Da der 30. bzw. 31.1. auf ein Wochenende fallen, geht der Personalleiter davon aus, dass er die Kündigung am Montag zustellen kann.

Die Kündigung ist eine einseitige, empfangsbedürftige Willenserklärung. Diese wird wirksam, wenn sie dem Vertragsgegner zugeht.

37.1 Der Einflussbereich des Empfängers

Kündigungen, die nicht schriftlich erfolgen, sind unwirksam. Eine schriftliche Kündigung geht erst zu, wenn sie so in den Einflussbereich des Kündigungsempfängers gelangt ist, dass er unter normalen Verhältnissen von ihr Kenntnis nehmen kann. Bei Aushändigung eines Kündigungsschreibens ist die Kündigung also mit der Übergabe zugegangen, bei Einwurf in den Briefkasten oder das Postfach in dem Moment, in dem der Briefkasten oder das Postfach üblicherweise geleert wird. Einschreibebriefe gehen erst mit der Aushändigung durch die Post zu, also noch nicht, wenn ein Benachrichtigungsschein in den Briefkasten geworfen wird mit der Aufforderung, den Einschreibebrief beim Postamt abzuholen. Eine besondere Annahme der Kündigung ist nicht erforderlich. Wer die Annahme der Kündigung ohne Grund verweigert, muss sich so behandeln lassen, als sei die Kündigung erklärt.

Achtung:
Ist der letzte Tag, an dem die Kündigung fristwahrend erklärt werden kann, ein Sonntag, ein staatlich anerkannter allgemeiner Feiertag oder ein Samstag, dann ist eine fristgerechte Kündigung nicht mehr am folgenden Werktag möglich. Der Kündigende muss also entweder den Zugang bereits am vorhergehenden Werktag bewirken oder - falls das nicht möglich ist - die Kündigung am Samstag, Sonntag oder Feiertag, gegebenenfalls durch Boten, zugehen lassen,

Sonn- oder Feiertag ist keine „Unzeit"

Eine zur Unzeit erklärte Kündigung kann unwirksam sein. Die Zustellung an Sonn- oder Feiertagen bedeutet jedoch nicht gleich „zur Unzeit". Es müssen noch weitere Umstände hinzukommen: Der Erklärende muss absichtlich oder aufgrund einer auf Missachtung der persönlichen Belange des Empfängers beruhenden Gedankenlosigkeit einen Zugangszeitpunkt wählen, der den Empfänger besonders beeinträchtigt. Für unseren Beispielfall heißt das, dass der Personalleiter – wenn er die Frist wahren will – die Kündigung am Samstag oder Sonntag (30. oder 31.1.) zugehen lassen sollte. Am Sonntag darf er jedoch nicht damit rechnen, dass der Briefkasten geleert wird. Hier empfiehlt sich eine persönliche Übergabe bzw. die Zustellung durch einen Boten.

37.2 Meine Tipps

Tipp 1: Ort und Zeit der Kündigung

Die Kündigung kann zu jeder passenden Zeit und an jedem passenden Ort erklärt werden, auch außerhalb des Betriebs, auch bereits vor Antritt der Arbeit.

Tipp 2: Kündigung während Krankheit

Eine Kündigung kann dem Arbeitnehmer auch wirksam zugehen, während er arbeitsunfähig erkrankt ist.

Tipp 3: Kündigung vor Dienstantritt ausschließen

Eine ordentliche (nicht die außerordentliche!) Kündigung kann vor Dienstantritt vertraglich ausgeschlossen werden. Die Formulierung in Ihren Arbeitsverträgen sollte wie folgt lauten: *„Vor der Aufnahme der Tätigkeit kann das Arbeitsverhältnis nicht ordentlich gekündigt werden. Der Lauf der Kündigungsfrist beginnt mit dem Zugang der Kündigung.“*

Tipp 4: Vertragsstrafe vereinbaren

Hin und wieder kommt es vor, dass ein Stellenbewerber nicht ernsthaft beabsichtigt, die Stelle tatsächlich anzutreten. Vielleicht will er die Stellenzusage lediglich als Druckmittel benutzen, um bei seinem alten Arbeitgeber bessere Konditionen zu erlangen. Beim potenziell neuen Arbeitgeber wird aber eine Stellenzusage zur Absage der anderen Bewerber führen. Das spricht dafür, im Arbeitsvertrag generell die ordentliche Kündigung vor Beschäftigungsaufnahme ausdrücklich auszuschließen (s. o. Tipp 3).
Zusätzlich können Sie damit eine Vertragsstrafenregelung verknüpfen, wonach der, der eine Beschäftigung vertragswidrig nicht aufnimmt, eine Vertragsstrafe zu zahlen hat. Diese kann in Höhe des Bruttogehalts, das innerhalb der Kündigungsfrist (meist Probezeit) anfällt, liegen. Das BAG hat mittlerweile Vertragsstrafenregelungen in Formulararbeitsverträgen ausdrücklich für zulässig erklärt. Sie müssen allerdings hinreichend konkret formuliert sein und ihre Höhe darf nicht die Bruttovergütung übersteigen, die dem Arbeitnehmer bei Einhaltung der Kündigungsfrist zu zahlen wäre. Die Formulierung in Ihren Verträgen kann wie folgt lauten: *„Für den Fall der Nichtaufnahme der Tätigkeit oder Kündigung vor Dienstantritt ist die Firma ... berechtigt, eine Vertragsstrafe in Höhe von .... Monatsgehältern zu verlangen. Die Geltendmachung eines weiteren Schadens ist hierdurch nicht ausgeschlossen.“*

38 Für befristete Arbeitsverträge gelten dieselben Kündigungsregeln

Nein, bei befristeten Arbeitsverhältnissen müssen Sie bezüglich einer Kündigung Besonderheiten beachten. Eine ordentliche Kündigung ist bei befristeten Arbeitsverhältnissen ausgeschlossen – es sei denn, im Arbeitsvertrag wurde etwas anderes vereinbart. Außerdem gelten Besonderheiten bei der Beschäftigung von besonders geschützten Personengruppen wie z. B. Schwangeren.

Beispiel: Befristet beschäftigt und schwanger

Die Spedition Maier hat einen vorübergehenden personellen Mehrbedarf und stellt deshalb befristet eine Arbeitnehmerin ein. Nach zwei Monaten teilt diese dem Arbeitgeber mit, dass sie schwanger ist. Der Personalleiter befürchtet, dass aufgrund dieser Umstände das Arbeitsverhältnis mit der Mitarbeiterin nicht zum vereinbarten Zeitpunkt enden kann.

Bei befristeten Verträgen mit Schwangeren und anderen besonders geschützten Personengruppen (z. B. Betriebsratsmitgliedern) ist zu unterscheiden: Wird der Tatbestand des besonderen Kündigungsschutzes erst nach Abschluss des befristeten Arbeitsverhältnisses verwirklicht, so ist dieser nachträglich eingetretene Umstand für die Befristung irrelevant. Maßgeblich für die Beurteilung der Befristungsabrede sind allein die Umstände zum Zeitpunkt ihres Abschlusses.

In unseren Beispielfall endet das Arbeitsverhältnis damit zum verabredeten Zeitpunkt– gleichgültig ob die Mitarbeiterin schwanger ist oder nicht. Wäre sie z. B. zwei Monate nach Arbeitsaufnahme in den Betriebsrat gewählt worden, würde dasselbe gelten. Der Personalleiter muss sich diesbezüglich also keine Gedanken machen.

Achtung:

Der besondere Kündigungsschutz, der eine ordentliche Kündigung in der Regel ausschließt, gilt vor allem für die folgenden Personengruppen:

- Schwangere,
- junge Mütter bis zum Ablauf von vier Monaten nach der Entbindung,
- Mitarbeiter, die Elternzeit in Anspruch genommen haben,
- Schwerbehinderte und ihnen gleichgestellte,
- Mitglieder des Betriebsrats,
- Mitglieder der Jugend- und Auszubildendenvertretung.

38.1 Schwanger bei Vertragsschluss

Problematisch ist der Fall, wenn der besondere Kündigungsschutz (z. B. im Falle einer Schwangerschaft) bereits bei Abschluss des befristeten Arbeitsvertrages vorliegt und dem Arbeitgeber bekannt ist. Nach der bisherigen Befristungsrechtsprechung müssen Sie als Arbeitgeber vom ersten Tag des Arbeitsverhältnisses an einen sachlichen Grund darlegen, nach dem die Befristung gerechtfertigt ist. Denn anders als im Falle des allgemeinen Kündigungsschutzes, der erst nach sechs Monaten greift, tritt der besonders streng ausgestaltete besondere Kündigungsschutz sofort ein. Durch eine Befristungsabrede würden Sie also den besonderen Kündigungsschutz vom ersten Tag an umgehen. Speziell für den Fall der Schwangerschaft hat das BAG darauf erkannt, dass eine dem Arbeitgeber im Zeitpunkt des Vertragsabschlusses bekannte Schwangerschaft nicht die Befristung des Arbeitsvertrags hindert. Allerdings muss die Schwangerschaft bei der Bewertung der Interessen von Arbeitgeber und Arbeitnehmer im Rahmen der Überprüfung des sachlichen Grundes für die Befristung angemessen berücksichtigt werden.

Achtung:

Seit das TzBfG in Kraft getreten ist, dürften die Rechtslage anders liegen. Soweit nach § 14 Abs. 2 oder Abs. 2a TzBfG die Möglichkeiten der erleichterten Befristung ohne Sachgrund zur Anwendung gelangen, gilt dies auch für besonders geschützte Arbeitnehmer.

Das Gesetz enthält jedenfalls keine Einschränkung dieser Vorschrift für bestimmte Personengruppen. Angesichts des hohen Schutzwerts des besonderen Kündigungsschutzes bleibt allerdings abzuwarten, ob sich die Rechtsprechung nicht zu Anpassungen oder Korrekturen veranlasst sieht.

38.2 Meine Tipps

Tipp 1: Das Arbeitsverhältnis endet trotzdem

Aus Arbeitgebersicht bieten sich befristete Arbeitsverhältnisse an, wenn man die Fälle vermeiden will, in denen sich jemand auf den besonderen Kündigungsschutz beruft. Sollte während des Arbeitsverhältnisses der besondere Kündigungsschutz eingreifen, endet das Arbeitsverhältnis trotzdem zum vereinbarten Zeitpunkt.

Tipp 2: Ordentliche Kündigung vertraglich vereinbaren

Ein befristetes Arbeitsverhältnis kann grundsätzlich nicht ordentlich gekündigt werden, da der Beendigungszeitpunkt bereits bestimmt ist. § 15 Abs. 3 TzBfG räumt allerdings auch bei befristeten Arbeitsverträgen ein ordentliches Kündigungsrecht ein. Diese Möglichkeit sollten Sie nutzen und die ordentliche Kündigung in Ihre befristeten Verträge aufnehmen. Eine entsprechende Formulierung könnte wie folgt lauten: „*Ungeachtet der Befristung bleibt beiden Parteien vorbehalten, das Arbeitsverhältnis ordentlich unter Einhaltung der gesetzlichen Kündigungsfristen und bei Vorliegen eines wichtigen Grundes außerordentlich zu kündigen.*“

Tipp 3: Probezeit auch bei Befristung

In Ihren befristeten Verträgen können Sie auch eine Probezeit mit einer abgekürzten Kündigungsfrist vereinbaren. Irrtümlich gehen viele Arbeitgeber davon aus, dass dies bei befristeten Arbeitsverhältnissen ausgeschlossen sei. Die Formulierung könnte wie folgt lauten: *Die ersten … Monate gelten als Probezeit im Sinne des § 622 Abs. 3 BGB. Die Kündigungsfrist während der Probezeit beträgt zwei Wochen.*“

39 Während der Probezeit gilt das Kündigungsschutzgesetz nicht

Hierbei handelt es sich um einen weitverbreiteten Irrtum sowohl bei Arbeitgebern als auch bei Arbeitnehmern. Die Aussage ist nämlich falsch. Die Probezeit hat nichts mit dem Kündigungsschutz zu tun.

Beispiel: Kündigungsschutz gilt doch

Die Spedition Maier stellt eine neue Buchhalterin mit einer Probezeit von sechs Monaten ein. Nach dieser Zeit ist sich der Personalleiter noch nicht ganz im Klaren, ob die Mitarbeiterin weiter beschäftigt werden soll. Er konnte sich keinen hinreichenden Eindruck verschaffen, da die Buchhalterin während ihrer Probezeit drei Monate krank war. Der Personalleiter entscheidet, die Probezeit noch einmal für drei Monate zu verlängern. Während dieser drei Monate kommt es zu Versäumnissen seitens der Mitarbeiterin, so dass man sich zu einer Kündigung entschließt. Die Kündigung wird mit einer Frist von zwei Wochen ausgesprochen, da sich die Mitarbeiterin ja in der Probezeit befindet.

Gemäß § 622 Abs. 3 BGB kann im Arbeitsvertrag vereinbart werden, dass eine abgekürzte Kündigungsfrist während der Probezeit von maximal sechs Monaten gelten soll. Achtung: Damit ist nicht gesagt, dass die Vereinbarung einer längeren Probezeit unzulässig ist. In Anbetracht der eindeutigen Regelung kann sie aber ihre Wirkung nur für maximal sechs Monate entfalten. Wird eine längere Probezeit vereinbart, gilt für die Zeit nach Ablauf von sechs Monaten gleichwohl die gesetzliche Grundkündigungsfrist des § 622 Abs. 1 BGB.

Achtung:

Auch der allgemeine Kündigungsschutz gemäß § 1 KSchG entsteht - bei Vorliegen der sonstigen Voraussetzungen - nach Ablauf von sechs Monaten, und zwar ohne Rücksicht darauf, ob die Parteien für eine über die ersten sechs Monate hinausgehende Zeitspanne eine Probezeitvereinbarung getroffen haben oder nicht.

Aus diesem Blickwinkel verliert eine über sechs Monate hinausgehende Probezeit natürlich ihren Reiz. Denn von diesem Moment an bedarf die ordentliche Kündigung der sozialen Rechtfertigung.

39.1 Verlängerung der Probezeit

Bei einer Verlängerung der ursprünglich vereinbarten Probezeit ist zu unterscheiden, ob die Probezeit auch nach der Verlängerung insgesamt noch innerhalb unter sechs Monaten liegt oder diesen Zeitraum überschreitet. Die Verlängerung einer zunächst den Rahmen von sechs Monaten nicht voll ausschöpfenden Probezeit ist relativ unproblematisch. Dies gilt selbst dann, wenn zum Zeitpunkt der Änderungsvereinbarung die ursprünglich vereinbarte Probezeit schon abgelaufen war. Wenn Sie also eine dreimonatige Probezeit vereinbart haben und sich noch nicht schlüssig sind, können Sie mit Ihrem Mitarbeiter eine Probezeit für drei weitere Monate vereinbaren.

Achtung:
Soll die Probezeit über die sechs Monaten ausgedehnt werden, so kann das Privileg der abgekürzten Kündigungsfrist nur für maximal sechs Monate in Anspruch genommen werden. Ebenso entsteht der allgemeine Kündigungsschutz bei Vorliegen der sonstigen Voraussetzungen. Laut Rechtsprechung dürfen jedoch unvorhergesehene Arbeitsausfälle zum Anlass für eine Verlängerung der ursprünglich vereinbarten Probezeit genommen werden. Dies gilt jedenfalls dann, wenn die ausgefallene Zeit im Verhältnis zur Gesamtprobezeit nicht unerheblich erscheint. Eine entsprechende Vereinbarung im Arbeitsvertrag ist dafür erforderlich, denn eine automatische Verlängerung wird man nicht ohne Weiteres annehmen können.

In unserem Beispiel kann der Personalleiter nicht mit einer Kündigungsfrist von zwei Wochen kündigen. Der Vereinbarung über eine Verlängerung der Probezeit steht zwar nichts entgegen, auf die Kündigungsfrist bzw. die Anwendbarkeit des allgemeinen Kündigungsschutzes hat dies jedoch keine Auswirkungen. Wenn im Arbeitsvertrag z. B. die gesetzlichen Kündigungsfristen vereinbart waren, muss die Mitarbeiterin noch drei weitere Monate beschäftigt, zumindest aber bezahlt werden.

Achtung:
Die Verlängerung der Probezeit auf maximal sechs Monate (die abgekürzten Kündigungsfristen bleiben erhalten) unterscheidet sich von der Frage, ob allgemeiner Kündigungsschutz nach dem KSchG entsteht. Dieser ist allein vom rechtlichen Bestand des Arbeitsverhältnisses abhängig. Hat es länger als sechs Monate bestanden, dann besteht - sofern auch die übrigen Voraussetzungen erfüllt sind - gemäß § 1 Abs. 1 KSchG Kündigungsschutz. Tatsächliche Unterbrechungen bei der Erbringung der Arbeitsleistung (z. B. aufgrund von Krankheit etc.) beeinträchtigen den Ablauf der Wartezeit grundsätzlich nicht.

39.2 Meine Tipps

Tipp 1: Arbeitsunfähigkeit während Probezeit

Im Anschluss an die Probezeitklausel in Ihren Arbeitsverträgen können Sie folgende Formulierung aufnehmen: *„Sollte der Arbeitnehmer während der Probezeit die Arbeitsleistung für mehr als zwei Monate (z.B. wegen Arbeitsunfähigkeit) nicht erbracht haben, so verlängert sich die Probezeit um den Zeitraum der Unterbrechung.“*

Tipp 2: Bewährungschance für den Arbeitnehmer

Sehen Sie als Arbeitgeber die sechsmonatige Probezeit als nicht bestanden an, so können Sie laut BAG regelmäßig, ohne rechtsmissbräuchlich zu handeln, dem Arbeitnehmer eine Bewährungschance anbieten: Anstatt der kurzen Probezeitkündigungsfrist kündigen Sie das Arbeitsverhältnis mit einer überschaubaren, längeren Kündigungsfrist. Für den Fall seiner Bewährung können Sie dem Arbeitnehmer die Wiedereinstellung zusagen. Gleiches soll auch für einen entsprechenden Aufhebungsvertrag gelten: Vereinbaren Sie in einem Aufhebungsvertrag, dass das Arbeitsverhältnis zu einem Termin endet, der (maßvoll) nach dem eigentlichen Auslaufen des Erprobungszeitraums liegt. Parallel zu diesem unbedingten Aufhebungsvertrag steht es Ihnen frei, den Arbeitnehmer letztlich doch weiter zu beschäftigen, wenn dieser sich noch bewährt.

40 Kündigung: Da muss ich immer eine Abfindung zahlen

Viele Arbeitgeber scheuen Kündigungen, da sie befürchten, hohe Abfindungen zahlen zu müssen. Sie unterliegen dabei dem Irrtum, dass in jedem Fall eine Abfindung gezahlt werden muss. Das ist falsch. Der Gesetzgeber hat einen Anspruch auf Abfindung nur in wenigen Ausnahmen vorgesehen.

Beispiel: Abfindungszahlung folgt?

Die Spedition Maier kündigt einem LKW-Fahrer nach erfolgter Sozialauswahl betriebsbedingt. Es führt kein Weg daran vorbei, die Auftragslage ist schlecht und selbst für die verbleibenden Fahrer ist zu wenig Arbeit da. Der Fahrer nimmt die Kündigung hin und ist überzeugt, dass die Spedition eine Abfindung zahlen muss. Er hat etwas von einem gesetzlichen Abfindungsanspruch bei betriebsbedingter Kündigung gehört.

Wichtig und für manchen Arbeitnehmer überraschend: Einen Anspruch auf Abfindungszahlung – quasi einen Abfindungsautomatismus – gibt es in der Regel nicht. Im Normalfall bedarf es einer Vereinbarung, die einen solchen Anspruch begründet.

40.1 Abfindung laut Gesetz

Von dieser Regel gibt es drei Ausnahmen, in denen der Gesetzgeber dem Arbeitnehmer einen Abfindungsanspruch zuerkennt:

1. Angesichts einer arbeitsgerichtlichen Streitigkeit über die Wirksamkeit einer Kündigung erscheint oftmals eine vertrauensvolle Zusammenarbeit zwischen den Arbeitsvertragsparteien nicht mehr möglich. Für diesen Fall wurde dem Richter mit den §§ 9, 10, 13 KSchG die Möglichkeit eingeräumt, auf Antrag einer der beiden Arbeitsvertragsparteien durch Urteil das Arbeitsverhältnis gegen Zahlung einer Abfindung zu beenden.

2. Ein weiterer Abfindungsanspruch kann sich aus § 113 BetrVG ergeben. Weicht der Arbeitgeber von einem Interessenausgleich ohne Not ab oder führt er eine Betriebsänderung durch, ohne einen Interessenausgleich zu versuchen, so sind den Arbeitnehmern, die ihren Arbeitsplatz verlieren, die ihnen entstehenden Nachteile durch Abfindungszahlung auszugleichen.
3. Mit der Aufnahme des § 1a in das KSchG ist ab 1.1.2004 ein weiterer gesetzlich geregelter Abfindungstatbestand hinzugetreten. Kündigt der Arbeitgeber wegen dringender betrieblicher Erfordernisse und erhebt der Arbeitnehmer innerhalb der Drei-Wochenfrist keine Kündigungsschutzklage, so hat der Arbeitnehmer mit Ablauf der Kündigungsfrist Anspruch auf eine Abfindung, sofern der Arbeitgeber in der Kündigungserklärung einen entsprechenden Hinweis gegeben hat.

Im Beispielfall wurde ein solcher Hinweis nicht gegeben, so dass kein Anspruch auf eine Abfindung bestehen kann. Der LKW-Fahrer müsste sich mit der Spedition Maier auf eine Abfindung einigen.

Achtung:
Nach dem Gesetzeswortlaut müssen folgende Tatbestandsmerkmale vorliegen:

- Ausspruch einer arbeitgeberseitigen Kündigung aus betriebsbedingten Gründen,
- Hinweis des Arbeitgebers im Kündigungsschreiben, dass die Kündigung auf dringende betriebliche Erfordernisse gestützt ist und der Arbeitnehmer bei Verstreichenlassen der Klagefrist eine Abfindung beanspruchen kann,
- Verzicht des Arbeitnehmers auf Erhebung einer Kündigungsschutzklage innerhalb der 3-Wochenfrist nach § 4 Satz 1 KSchG und
- Ablauf der Kündigungsfrist.

Der Arbeitgeber hat das Wahlrecht

Aus dieser Aufzählung wird deutlich, dass es sich um ein echtes Wahlrecht des Arbeitgebers handelt, ob er im Zusammenhang mit dem Ausspruch einer betriebsbedingten Kündigung eine Abfindung für den Fall des Kündigungsverzichts anbieten will. Die Abfindungshöhe ist gesetzlich geregelt und beträgt 0,5 Monatsverdienste für jedes Jahr des Bestehens des Arbeitsverhältnisses. Entscheiden Sie sich für das Angebot, ist es nicht erforderlich, dass Sie in Ihrem Hinweis den Abfindungsbetrag mit aufnehmen. Der Anspruch entsteht erst nach Ablauf der Kündigungsfrist. Endet das Arbeitsverhältnis vorher (bspw. durch Tod des Arbeitnehmers oder fristlose Kündigung), entsteht der Abfindungsanspruch nicht. Das Verstreichenlassen der Klagefrist bedeutet, dass der Arbeitnehmer keine Klage in dieser Zeit erheben darf. Die bisherige Praxis der Vereinbarung einer Abfindungszahlung im Rahmen eines Aufhebungsvertrags oder des arbeitsgerichtlichen Vergleichs bleibt von der Regelung des § 1a KSchG völlig unangetastet.

40.2 Meine Tipps

Tipp 1: Kündigungsschutzklage vermeiden

Wenn Sie mit einer betriebsbedingten Kündigung eine Abfindung anbieten wollen, können Sie den oben genannten Weg wählen. So stellen Sie sicher, dass nach Ablauf der Drei-Wochenfrist zur Klageerhebung keine Kündigungsschutzklage mehr droht. Ein entsprechendes Muster finden Sie auf der CD-ROM sowie unter 40.3.

Tipp 2: Abfindungen sind zu versteuern

Die steuerliche Privilegierung von Abfindungen an Arbeitnehmer ist ersatzlos gestrichen worden. Ihr Arbeitnehmer hat also eine Abfindungszahlung, gleich aus welchem Grund diese erfolgt, voll umfänglich zu versteuern. Nach einer Übergangsvorschrift ist die Regelung des § 3 Nr. 9 EStG letztmalig anzuwenden

- für vor dem 1. Januar 2006 entstandene Ansprüche der Arbeitnehmer auf Abfindungen oder
- für Abfindungen wegen einer vor dem 1. Januar 2006 getroffenen Gerichtsentscheidung oder
- für Abfindungen wegen einer am 31. Dezember 2005 anhängigen Klage,

soweit die Abfindung dem Arbeitnehmer vor dem 1. Januar 2008 zufließt. Mit anderen Worten: Die Übergangsvorschrift ist anzuwenden, wenn der Anspruch auf Abfindung im Jahr 2005 entstanden ist oder wenn noch im Jahr 2005 eine Kündigungsschutzklage anhängig gemacht worden ist.

Tipp 3: Sperrzeit beachten

Wichtig für Ihre Mitarbeiter: Abfindungszahlungen, die Sie als Arbeitgeber für den Verlust des Arbeitsplatzes zahlen, werden nicht auf das Arbeitslosengeld angerechnet. Einigen Sie sich mit dem Arbeitnehmer auf einen Aufhebungsvertrag mit Abfindungszahlung, muss der Mitarbeiter allerdings mit einer Sperrzeit bei der Arbeitsagentur rechnen.

40.3 Arbeitshilfen auf der CD-ROM

Mit dem folgenden Muster können Sie Ihrem Arbeitnehmer eine Abfindung im Rahmen einer betriebsbedingten Kündigung anbieten.

Muster Kündigung mit Abfindung

Kündigung

Sehr geehrte Frau .... /sehr geehrter Herr ....,

hiermit kündigen wir das mit Ihnen durch Arbeitsvertrag vom .... abgeschlossene Arbeitsverhältnis ordentlich unter Einhaltung der gesetzlichen Kündigungsfrist zum ..... . Es handelt sich um eine Kündigung aufgrund von dringenden betrieblichen Erfordernissen nach § 1 Abs. 2 S. 1 KSchG. Ich weise Sie darauf hin, dass Sie eine Abfindung beanspruchen können, wenn Sie innerhalb der dreiwöchigen Frist für die Erhebung einer Kündigungsschutzklage nach § 4 Satz 1 KSchG keine Klage erheben. Die Abfindung beträgt gem. § 1a Abs. 2 S. 1 KSchG 0,5 Monatsgehälter für jedes Jahr des Bestehens Ihres Arbeitsverhältnisses. Der Betriebsrat wurde zur Kündigung ordnungsgemäß angehört. Die Stellungnahme des Betriebsrates ist diesem Schreiben in Kopie als Anlage beigefügt.

Ort, Datum, Unterschrift Arbeitgeber

41 Bei Krankheit und im Urlaub darf ich nicht kündigen

Hierbei handelt es sich um einen weitverbreiteten Irrtum. Dabei spielt es keine Rolle, ob der zu kündigende Arbeitnehmer im Urlaub oder krank ist. Vielmehr kommt es für eine wirksame Kündigungserklärung nur darauf an, dass diese dem Empfänger zugeht. Das wiederum kann auch bei Abwesenheit der Fall sein.

Beispiel: Kündigung im Urlaub

Einem LKW-Fahrer soll gekündigt werden. Der Entschluss der Personalleitung wird getroffen, als dieser sich im dreiwöchigen Jahresurlaub befindet. Der Personalleiter schreibt die Kündigung und sendet sie per Post an die Heimatadresse des Mitarbeiters. Der LKW-Fahrer meint, die Kündigung sei unwirksam.

Eine Kündigungserklärung wird erst wirksam, wenn sie dem Kündigungsempfänger zugeht. Beim Zugang unterscheidet das Gesetz, ob die Kündigung einem Anwesenden oder einem Abwesenden erklärt werden soll. Einem Anwesenden geht die Kündigung mit der Übergabe des Kündigungsschreibens zu. Einem Abwesenden ist die Kündigungserklärung zugegangen, wenn sie so in dessen Machtbereich gelangt, dass unter üblichen Verhältnissen damit zu rechnen ist, dass er von der Kündigungserklärung Kenntnis nehmen konnte. Ein in den Briefkasten geworfenes Kündigungsschreiben geht danach in dem Zeitpunkt zu, in dem der Briefkasten üblicherweise geleert wird.

Achtung:

Bei Urlaubsabwesenheit des Arbeitnehmers kann ein an die Heimatanschrift gerichtetes Kündigungsschreiben grundsätzlich auch dann zugehen, wenn der Arbeitgeber Kenntnis von einer Ortsabwesenheit des Arbeitnehmers hat. Dies gilt selbst dann, wenn der Arbeitnehmer seine Urlaubsanschrift dem Arbeitgeber mitgeteilt hat.

Aber: Erhebt der Arbeitnehmer wegen der Urlaubsabwesenheit erst nach Ablauf der Drei-Wochen-Frist eine Kündigungsschutzklage, wird diese grundsätzlich gemäß § 5 KSchG vom Arbeitsgericht nachträglich zugelassen. Er muss die Kündigungsschutzklage nur rechtzeitig innerhalb von zwei Wochen nach Rückkehr erheben.

41.1 Klagefrist kann sich verlängern

Es spielt also keine Rolle, ob der Arbeitnehmer im Urlaub, im Krankenhaus oder auf sonstige Weise abwesend ist. Eine Kündigung kann ihm trotzdem zugehen. Je nach den Umständen des Einzelfalls kann sich allerdings die Drei-Wochen-Frist zur Erhebung einer Kündigungsschutzklage verlängern. Sie als Arbeitgeber können also auch in diesen Fällen eine Kündigungserklärung abgeben, müssen aber unter Umständen für eine längere Zeit damit rechnen, dass eine Kündigungsschutzklage wirksam erhoben wird. Für unseren Beispielfall bedeutet das, dass der LKW-Fahrer innerhalb von zwei Wochen nach seiner Rückkehr aus dem Urlaub noch immer eine Kündigungsschutzklage erheben kann. Die Kündigung an sich ist ihm aber wirksam zugegangen. Allein die Tatsache, dass er abwesend war, macht die Kündigung jedenfalls nicht unwirksam.

41.2 Meine Tipps

Tipp 1: Vorsicht bei Übergabe-Einschreibebriefen

Ein Übergabe-Einschreibebrief geht zu, wenn er vom Postbediensteten ausgehändigt wird. Trifft der Postbeamte niemanden an, hinterlässt er lediglich den Benachrichtigungsschein, nicht aber das Kündigungsschreiben im Briefkasten. Die Zustellung der Kündigung erfolgt erst dann, wenn das Einschreiben bei der Post abgeholt wird. Dadurch kann sich der Zugang des Kündigungsschreibens und folglich auch das Wirksamwerden der Kündigung erheblich verzögern. Unter Umständen können Sie den zunächst geplanten Lauf der Kündigungsfrist ab einem bestimmten Zeitpunkt nicht mehr erreichen.

Tipp 2: Kein Einwurf-Einschreiben verwenden

Beim Einwurf-Einschreiben wird das Schreiben vom Postbediensteten in den Briefkasten des Empfängers eingeworfen und geht damit zu. Der Zugang des Kündigungsschreibens kann dadurch belegt werden, dass bei der Post ein Auslieferungsbeleg angefordert wird. Dieser wird elektronisch erstellt und dem Anforderer übersandt. Wird der Zugang des Kündigungsschreibens trotz des Belegs bestritten, reicht dieser allerdings allein vor Gericht als Nachweis des Zugangs nicht aus, weil er keine Unterschrift enthält. Bei Kündigungen sollten Sie von dieser Form des Zustellens Abstand nehmen.

Tipp 3: Am besten persönlich übergeben

Die sicherste Art ein Kündigungsschreiben wirksam zuzustellen ist, es persönlich zu übergeben (am besten in Anwesenheit eines Dritten) oder einen Boten einzuschalten. Um spätere Beweisprobleme zu beseitigen, sollte dem Boten ein auszufüllendes Formblatt mitgegeben werden, worin dieser Datum, Uhrzeit, Ort und Art der Zustellung (z. B. Einwurf in Briefkasten, Aushändigung an Familienangehörigen) vermerkt und durch seine Unterschrift bestätigt. Sinnvoll ist es, dem Boten das Kündigungsschreiben in einem unverschlossenen Kuvert mitzugeben, damit sich dieser vor Ort davon überzeugen kann, dass er tatsächlich das Kündigungsschreiben zustellt und dieses im Original unterschrieben ist. Auch das sollte der Bote im Formblatt vermerken.

41.3 Arbeitshilfen auf der CD-ROM

Lassen Sie sich aus Beweisgründen den Empfang der Kündigung, die Sie persönlich übergeben, bestätigen.

Muster Empfangsbestätigung

Ich bestätigte durch meine eigenhändige Unterschrift den Erhalt der schriftlichen Kündigung vom ... und habe deren Inhalt zur Kenntnis genommen.

Ort, Datum, Unterschrift des Mitarbeiters

42 Wegen Krankheit darf ich nicht kündigen

Doch! An eine personenbedingte Kündigung, die auf die Krankheit des Mitarbeiters zurückzuführen ist, sind zwar hohe Anforderungen geknüpft, ausgeschlossen ist eine solche Kündigung aber nicht.

Beispiel: Fehlzeiten werden zum Problem

Ein Arbeitnehmer der Spedition Maier war im ersten Jahr an 18 %, im zweiten an 20 %, im dritten an 30 % der Arbeitstage erkrankt. Im vierten Jahr ist er wieder krank. Der Arbeitnehmer legt Folgendes dar: Im ersten Jahr war er die ganze Zeit wegen eines Arbeitsunfalls erkrankt. ¾ der Fehlzeit im zweiten Jahr beruhten auf einem komplizierten Beinbruch, den er bei einem Skiunfall erlitten hat. Die Fehlzeit im dritten Jahr ist auf einen Autounfall zurückzuführen. Im vierten Jahr hat er seit vier Wochen die Grippe. Dem Personalleiter wird es zu viel. Er will wissen, ob er eine Kündigung wirksam aussprechen kann.

Die krankheitsbedingte Kündigung ist der häufigste Fall der personenbedingten Kündigung. Eine Krankheit wird als regelwidriger körperlicher oder geistiger Zustand definiert, der die Notwendigkeit einer Heilbehandlung zur Folge hat. Sie ist kein Kündigungsgrund, aber auch kein Kündigungshindernis. Gekündigt wird wegen betrieblicher Auswirkungen, die die Krankheit mit sich bringt.

42.1 Unterscheiden Sie die Krankheitsfälle

Grundvoraussetzung für die Zulässigkeit der krankheitsbedingten Kündigung ist, dass sich die Erkrankung für den Betrieb negativ auswirkt, insbesondere durch erhebliche Fehlzeiten.
Dabei unterscheidet man zwischen

- häufigen Kurzerkrankungen: Sie wirken sich für den Betrieb meist organisatorisch und wirtschaftlich sehr belastend aus.

- langandauernden Erkrankungen: Bei diesen endet nach sechs Wochen die Entgeltfortzahlungspflicht. Zudem kann bei einem einmaligen Schicksalsschlag mehr Rücksicht gefordert werden. Da die Kündigung den Arbeitnehmer in einer besonders schwierigen persönlichen Lage trifft, sind an ihre Rechtfertigung besonders strenge Anforderungen zu stellen.
- Krankheitsbedingte Leistungsunfähigkeit oder Minderung der Leistungsfähigkeit.

Achtung:

Nach dem BAG muss die Überprüfung der Wirksamkeit der Kündigung in einer 3-Stufen-Prüfung erfolgen. Tatsächlich sind es vier Stufen, die Sie als Arbeitgeber im Vorfeld einer krankheitsbedingten Kündigung prüfen müssen:

1. Negative Prognose zum Zeitpunkt des Zugangs der Kündigung hinsichtlich der weiteren in Zukunft zu erwartenden Fehlzeiten.
2. Erhebliche betriebliche Beeinträchtigungen durch die in der Vergangenheit entstandenen und zukünftig zu erwartenden Fehlzeiten.
3. Die erheblichen Störungen dürfen nicht durch mildere Mittel behoben werden können, z. B. durch Überbrückungsmaßnahmen oder die Weiterbeschäftigung zu geänderten Bedingungen auf einem anderen Arbeitsplatz.
4. Interessenabwägung: Haben im Einzelfall die erheblichen betrieblichen Beeinträchtigungen zu einer billigerweise nicht mehr hinzunehmenden betrieblichen oder wirtschaftlichen Belastung geführt?

Als Arbeitgeber müssen Sie bei der Prüfung, ob eine krankheitsbedingte Kündigung statthaft sein wird, wie folgt vorgehen:

Die 1. Stufe Ihrer Prüfung

Führen hohe Ausfallzeiten zu einer negativen Prognose? Im Zeitpunkt des Zugangs der Kündigung müssen objektive Tatsachen vorliegen, die die ernsthafte Besorgnis von erheblichen krankheitsbedingten Fehlzeiten in der Zukunft begründen. Deshalb stellt die Prognoseentscheidung für den Arbeitgeber einen hohen Unsicherheitsfaktor dar – insbesondere wenn der Arbeitnehmer vor Ausspruch der Kündigung nicht bereit ist, Auskünfte über seine Krankheit zu geben. Letztlich haben Sie dann nur verlässliche Kenntnis von der Anzahl der Fehltage des Arbeitnehmers, aber nicht von den Ursachen. Also bleibt Ihnen nichts anderes übrig, als die Erkrankungen hinzunehmen oder „ins Blaue hinein zu kündigen".

Achtung:
Eine Prognose lässt sich in der Regel nur anhand der Fehlzeiten aus der Vergangenheit erstellen. Diese haben Indizwirkung für die Zukunft. Dabei reicht der Rückblick auf nur ein Jahr grundsätzlich nicht aus, denn auch ein gesunder Mensch kann in einem Jahr mehrmals kurzfristig hintereinander erkranken. Den Entscheidungen des BAG lagen meistens Zeiträume von mindestens vier Jahren zugrunde. Im Einzelfall kann natürlich auch ein kürzerer Zeitraum ausreichen, wenn ein entsprechendes ärztliches Gutachten vorliegt.

Was sind „hohe" Ausfallzeiten bei häufigen Kurzerkrankungen?

Wann die Ausfallzeiten „hoch" bzw. „erheblich" sind, ist meist der Beurteilung des Gerichts überlassen, das letztlich nur „Einzelfälle" entscheidet. Es ist auch nicht möglich, die Erheblichkeit schematisch zu bestimmen, weil die betriebliche Beeinträchtigung im Einzelfall Teil des Kündigungsgrunds ist. Folgende Negativabgrenzung ist jedoch für den Normalfall möglich:

- Fehlzeiten werden in der Regel nicht erheblich sein, wenn sie sechs Wochen im Jahr nicht überschreiten.
- Fehlzeiten sind erheblich, wenn sie sechs Wochen im Jahr deutlich überschreiten.
- In der Praxis dürfte in der Regel bei Fehlzeiten von 20-25 % im Jahr von erheblichen Fehlzeiten ausgegangen werden. Liegen diese in einem Zeitraum von über drei Jahren hintereinander vor, ist dies ein Indiz dafür, dass auch in Zukunft mit weiteren erheblichen Fehlzeiten zu rechnen ist.

Achtung:
Unfälle und einmalige Ereignisse sowie Krankheiten, die längere Zeit vor der Kündigung nicht mehr aufgetreten sind, dürfen in Ihre Negativ-Prognose nicht einfließen. Diese Fehltage müssen somit von den anderen abgezogen werden.

Als Arbeitgeber tragen Sie die Behauptungs- und Beweislast im Kündigungsschutzprozess, dass die Prognose negativ ist. Deshalb sollten Sie sich – für den Fall, dass der Arzt von der Schweigepflicht entbunden wurde – auf den Arzt des Klägers berufen bzw. ein ärztliches Sachverständigengutachten beantragen. Da Ihnen eine andere Möglichkeit meist nicht zur Verfügung steht, darf sich der Arbeitnehmer auch nicht weigern, die Ärzte von der Schweigepflicht zu entbinden.

Die 2. Stufe Ihrer Prüfung

Die hohen Ausfallzeiten müssen zu einer erheblichen Beeinträchtigung der betrieblichen oder wirtschaftlichen Interessen führen. Hohe Entgeltfortzahlungskosten stellen eine solche Beeinträchtigung der betrieblichen Interessen dar. Das BAG stellt klar, dass allein die entstandenen und künftig zu erwartenden Lohnfortzahlungskosten, die jährlich jeweils für einen Zeitraum von mehr als sechs Wochen aufzuwenden sind, als erhebliche Beeinträchtigung betrieblicher Interessen bei der Beurteilung der sozialen Rechtfertigung der Kündigung gelten.

Achtung:
Die erheblichen Beeinträchtigungen sind wie folgt einzuteilen:

- wirtschaftliche Belastung durch Entgeltfortzahlung von mehr als sechs Wochen im Jahr,
- sonstige wirtschaftliche Belastungen,
- Betriebsablaufstörungen – und zwar auch bei Entgeltfortzahlungszeiten von nicht mehr als sechs Wochen im Jahr

Sonstige wirtschaftliche Belastungen müssen erheblich sein und können sich ergeben aus:

- Vergabe an Drittfirmen,
- Einsatz von Leiharbeitnehmern,
- Zahlung vom Überstundenvergütungen,
- Vorhaltekosten für Personalreserve.

Bei den Betriebsablaufstörungen muss es sich um schwerwiegende Störungen im Produktionsprozess handeln, die der Arbeitgeber nicht durch Überbrückungsmaßnahmen vermeiden kann.

Beispiele für mögliche Betriebsablaufstörungen:

- Maschinenstillstand,
- Produktionsrückgang wegen erforderlicher Einarbeitung von Springern,
- nicht akzeptable Überlastung der Arbeitskollegen, die den Kräfteausfall tragen müssen,
- Unkalkulierbarkeit des Arbeitseinsatzes,
- erhebliche Verärgerung der Kollegen.

Die 3. Stufe Ihrer Prüfung

Die Kündigung ist letztes Mittel (ultima ratio). Es muss zuerst eine Weiterbeschäftigung an einem freien Arbeitsplatz im Betrieb oder in einem anderen Betrieb des Unternehmens – gegebenenfalls auch nach zumutbarer Umschulung oder Fortbildung – geprüft werden. Das gilt auch für krankheitsbedingte Kündigungen. Frei sind grundsätzlich nur solche Arbeitsplätze, die im Zeitpunkt des Zugangs der Kündigung unbesetzt sind. Können Sie als Arbeitgeber bei Ausspruch der Kündigung hinreichend sicher vorhersehen, dass ein Arbeitsplatz bis zum Ablauf der Kündigungsfrist zur Verfügung stehen wird, müssen Sie diesen ebenfalls als „frei" berücksichtigen. Bei der krankheitsbedingten Kündigung hat das BAG diesen Grundsatz wie folgt aufgeweicht: „Ist ein Arbeitnehmer auf Dauer krankheitsbedingt nicht mehr in der Lage, die geschuldete Arbeit auf seinem bisherigen Arbeitsplatz zu leisten, so ist er zur Vermeidung einer Kündigung auf einem leidensgerechten Arbeitsplatz im Betrieb oder Unternehmen weiterzubeschäftigen, falls ein gleichwertiger oder jedenfalls zumutbarer Arbeitsplatz frei und der Arbeitnehmer für die dort zu leistende Arbeit geeignet ist. Gegebenenfalls hat der Arbeitgeber einen solchen Arbeitsplatz durch Ausübung seines Direktionsrechts frei zu machen und sich auch um die eventuell erforderliche Zustimmung des Betriebsrats zu bemühen. Zu einer weitergehenden Umorganisation oder zur Durchführung eines Zustimmungsversetzungsverfahrens ist der Arbeitgeber dagegen nicht verpflichtet."

Interessensabwägung – Die 4. Stufe Ihrer Prüfung

Bei der Interessensabwägung ist zu prüfen, ob die betrieblichen Beeinträchtigungen im Einzelfall vom Arbeitgeber billigerweise noch hinzunehmen sind oder ein solches Ausmaß erreicht haben, dass sie ihm nicht mehr zugemutet werden können. Da es sich um eine Einzelfallbeurteilung handelt, lassen sich auch keine generellen Beurteilungsmaßstäbe aufstellen. Folgende Punkte sind aber grundsätzlich zu berücksichtigen:

Auf Seiten des Arbeitnehmers:

- Ursache der Erkrankungen (betrieblich, z. B. unverschuldeter Arbeitsunfall, oder privat),
- Verschulden des Arbeitgebers an den Erkrankungen,
- Dauer der Betriebszugehörigkeit und Dauer des ungestörten Arbeitsverhältnisses,
- Familienstand und Unterhaltsverpflichtungen,
- Vermittelbarkeit auf dem Arbeitsmarkt,
- Schwerbehinderung oder sonstige Beeinträchtigungen.
- Alter: Je jünger der Arbeitnehmer, umso höher ist die künftig zu erwartende Belastung. Je älter der Arbeitnehmer, desto mehr Rücksichtnahme kann erwartet werden.
- Betriebszugehörigkeit: Je länger das Arbeitsverhältnis ungestört bestanden hat, desto mehr Rücksichtnahme ist vom Arbeitgeber zu erwarten.

Auf Seiten des Arbeitgebers:

- Größe und wirtschaftliche Lage des Unternehmens,
- Umfang der Fehlzeiten,
- Auswirkungen auf den Betrieb,
- Bestehen einer Personalreserve,
- Umfang der Entgeltfortzahlungskosten,
- Position des Arbeitnehmers im Betrieb,
- Verschulden des Arbeitnehmers an den Erkrankungen.

Führt man im Beispielfall die Drei-Stufen-Prüfung durch, kommt man zu folgendem Ergebnis: Die erste Stufe der krankheitsbedingten Kündigung wird nicht überschritten. Eine negative Prognose ist nicht möglich, da Erkrankungen aufgrund einmaliger Ereignisse (Unfälle) abzuziehen sind. Deshalb kann nur die Fehlzeit aufgrund der Grippe (abgesehen von der bereits zwei Jahre zurückliegenden Krankheit) beurteilt werden. Diese überschreitet aber den Sechs-Wochenzeitraum nicht und gilt deshalb als nicht erheblich. In unserem Fall sollte der Personalleiter deshalb besser versuchen, einen Aufhebungsvertrag mit dem Mitarbeiter abzuschließen.

42.2 Meine Tipps

Tipp 1: Direktionsrecht oder Änderungskündigung

Für eine eventuelle Weiterbeschäftigung Ihres Arbeitnehmers im Unternehmen sollten Sie folgendes beachten: Es spielt keine Rolle, ob Sie den Arbeitnehmer durch Ihr Direktionsrecht auf die freie Stelle versetzen können oder erst eine Vertragsänderung – unter Umständen durch den Ausspruch einer Änderungskündigung – erforderlich ist. Als freier Arbeitsplatz kommt auch ein schlechterer als vorher in Betracht. Sie sind jedoch nicht verpflichtet, dem Arbeitnehmer eine freie Beförderungsstelle anzubieten.

Tipp 2: Abgestufte Darlegungs- und Beweislast

Im Arbeitsgerichtsprozess gilt hinsichtlich einer anderweitigen Weiterbeschäftigungsmöglichkeit eine abgestufte Darlegungs- und Beweislast: Es genügt zunächst Ihr Vortrag, eine anderweitige Beschäftigung sei im Betrieb oder Unternehmen nicht möglich. Dann ist es Sache des Arbeitnehmers, konkrete Vorstellungen zur Möglichkeit anderweitiger Beschäftigung zu äußern. Erst dann müssen Sie im Einzelnen erläutern und gegebenenfalls beweisen, aus welchen Gründen eine Umsetzung nicht möglich ist.

Tipp 3: Umschulung oder Fortbildung

Die Umschulung hat das Ziel, dem Arbeitnehmer die notwendige fachliche Qualifikation für die Ausübung eines anderen Berufs zu vermitteln. Fortbildungsmaßnahmen bezwecken dagegen, den Arbeitnehmer in die Lage zu versetzen, den gestiegenen Anforderungen in seinem Beruf durch die Vermittlung der dafür notwendigen Kenntnisse und Fähigkeiten gerecht zu werden.
Sie als Arbeitgeber müssen aber nur dann umschulen oder fortbilden, wenn im Zeitpunkt des Zugangs der Kündigung feststeht oder mit hinreichender Sicherheit voraussehbar ist, dass nach Abschluss der Maßnahme ein geeigneter freier Arbeitsplatz in Ihrem Betrieb oder in einem anderen Betrieb Ihres Unternehmens vorhanden ist.

43 Bevor ich kündige, muss ich immer abmahnen

Nein! Grundsätzlich gilt: Die Abmahnung geht der verhaltensbedingten außerordentlichen oder verhaltensbedingten ordentlichen Kündigung vor. Sie geht auch einer personenbedingten Kündigung vor, wenn es sich um durch den Willen beeinflussbare Kündigungsgründe handelt. Bei allen anderen Kündigungen ist es nicht erforderlich, dass Sie im Vorfeld abmahnen.

Beispiel:

Ein Mitarbeiter der Spedition Maier verlangt für den 16.7. Urlaub. Die Spedition muss die Urlaubsgewährung, da Ferienzeit ist und viele Arbeitnehmer sich im Urlaub befinden, verweigern. Der Arbeitnehmer erklärt daraufhin: „Entweder ich bekomme Urlaub, oder ich bin eben krank." Als der Arbeitnehmer am 16.7. tatsächlich nicht erscheint, will die Geschäftsleitung die fristlose Kündigung aussprechen. Zu Recht?

Eine Abmahnung ist die Missbilligung gegenüber einem Vertragspartner wegen eines konkreten Fehlverhaltens unter Androhung von Rechtsfolgen für die Zukunft, sofern das Verhalten nicht geändert wird. Muss die Spedition also vorab zu einer Abmahnung greifen?

43.1 Das ultima-ratio-Prinzip

Soll ein Arbeitsverhältnis außerordentlich (meist fristlos) gekündigt werden, richtet sich die Beurteilung der Wirksamkeit einer solchen Kündigung nach § 626 BGB. Erforderlich ist ein „wichtiger Grund". Dieser muss so wichtig sein, dass selbst die Einhaltung der ordentlichen Kündigungsfrist „nicht zugemutet" werden kann. Da die Kündigung die einschneidendste arbeitsrechtliche Maßnahme ist, kommt sie nur in Betracht, wenn ein milderes Mittel nicht zumutbar ist. Bei Vertragspflichtverletzungen, die ihren Ursprung im Verhalten des Arbeitnehmers haben, ist zu berücksichtigen, dass der Arbeitnehmer künftig sein Verhalten ändern und sich vertragsgemäß verhalten kann. Dem Arbeitnehmer ist erst einmal Gelegenheit zu geben, sein Verhalten zu ändern ohne dass es zum Äußersten der Kündigung kommt. Er ist statt einer Kündigung abzumahnen.

Achtung:
Der Vorrang einer Abmahnung gilt zunächst bei Störungen im Leistungsbereich. Diese liegt zum Beispiel auch bei einem verspäteten Arbeitsantritt vor.

Problematischer ist es, wenn der Vertrauensbereich betroffen ist. Auch bei solchen Störungen ist jedenfalls dann vor der Kündigung eine Abmahnung erforderlich, wenn es um ein steuerbares Verhalten des Arbeitnehmers geht und eine Wiederherstellung des Vertrauens erwartet werden kann.

Achtung:
Die Abmahnung ist entbehrlich, wenn sie kein geeignetes Mittel ist oder ohnehin eine Negativprognose für die weitere Vertragsbeziehung vorliegt. Sie ist nur dann geeignetes Mittel, wenn mit ihr eine Änderung des Verhaltens erzielt werden kann. Daher ist nicht anzumahnen, wenn einer der folgenden Fälle vorliegt:

- Die Vertragspflichtverletzung war so schwer, dass der Arbeitnehmer unter keinen Umständen damit rechnen konnte, der Arbeitgeber werde sie hinnehmen. (Beispiele: Androhen von Arbeitsunfähigkeit, Tätlichkeiten wie körperliche, auch sexuelle Attacken gegenüber Mitarbeitern oder Vorgesetzten, schwere Bedrohung des Arbeitgebers oder von Vorgesetzten, Schmiergeldannahme, Straftaten gegen das Vermögen des Arbeitgebers wie Diebstahl, Unterschlagung, Betrug, Manipulation bei der Zeiterfassung, Vortäuschen einer Arbeitsunfähigkeit, Verstoß gegen Wettbewerbsverbot)
- Der Arbeitnehmer hat bereits ernsthaft ausdrücklich erklärt, er werde sein Verhalten nicht ändern, egal was komme, er also eindeutig nicht gewillt ist, sich vertragsgerecht zu verhalten.
- Er setzt seine Vertragsverletzungen hartnäckig und uneinsichtig fort, obwohl er die Vertragswidrigkeit seines Verhaltens kennt.

In unserem Beispielfall liegt ein Verhalten des Arbeitnehmers vor, das grundsätzlich geeignet ist, eine Kündigung, auch eine fristlose, zu rechtfertigen. Der Vertrauensbereich ist nachhaltig verletzt. Es genügt der einmalige Vorfall, um einen fristlosen Kündigungsgrund „an sich" annehmen zu können, wenn der Arbeitnehmer im Zeitpunkt der Androhung sich tatsächlich nicht krank fühlte. Schließlich bringt er ja mit dieser Erklärung zum Ausdruck, wenn der Arbeitgeber nicht nachgebe, werde er eine Krankheit zum Schaden des Arbeitgebers (Entgeltfortzahlung) vortäuschen. Dies wäre ein Betrug. Einer Abmahnung bedurfte es in diesem Fall laut BAG nicht. Sie sei nur erforderlich, wenn der Arbeitnehmer mit vertretbaren Gründen annehmen könne, sein Verhalten sei nicht vertragswidrig oder werde vom Arbeitgeber zumindest als ein nicht erhebliches, den Bestand des Arbeitsverhältnisses gefährdendes Fehlverhalten angesehen. Wer mit Krankheit droht, darf aber damit gerade nicht rechnen.

43.2 Meine Tipps

Tipp 1: Hinweis und Warnung zugleich

Wegen des „ultima-ratio-Prinzips" muss dem Arbeitnehmer vor einer Kündigung durch (mindestens) eine Abmahnung sein Fehlverhalten aufgezeigt (Hinweisfunktion) und für den Fall der Wiederholung eine Kündigung angedroht (Warnfunktion) werden.
Ein entsprechende Musterformulierung finden Sie auf der beiliegenden CD-ROM sowie unter 43.3.

Tipp 2: Wenn der Arbeitnehmer tatsächlich krank wird

Keine Rolle spielt, ob der Arbeitnehmer an diesem Tag später tatsächlich krank wird. Es kommt nur darauf an, ob der Arbeitnehmer zu einem Zeitpunkt, zu dem er sich objektiv nicht krank fühlte, die Krankheit angedroht hat.

43.3 Arbeitshilfen auf der CD-ROM

Mit dem folgenden Mustertext können Sie Ihren Arbeitnehmer abmahnen. Weisen Sie ihn zunächst auf sein Fehlverhalten hin, vermeiden Sie hierbei möglichst subjektive Wertungen. Für den Fall einer Wiederholung seines Verhaltens müssen Sie ihm sodann die Kündigung androhen.

Muster Abmahnung

Abmahnung

Sehr geehrte/r Frau/Herr.................,

Ihr nachfolgend dargestelltes Verhalten gibt uns Veranlassung, Sie auf die ordnungsgemäße Erfüllung Ihrer arbeitsvertraglichen Verpflichtungen hinzuweisen:

(Es folgt das zu beanstandende Fehlverhalten, das möglichst konkret zu beschreiben ist, insbesondere Ort und Datum des Sachverhalts; unnötige subjektive Wertungen sind zu vermeiden).

Wir können dieses Fehlverhalten nicht unbeanstandet hinnehmen. Wir fordern Sie hiermit zu einem/r vertragsgemäßen Verhalten/Arbeitsleistung auf. Im Falle einer weiteren derartigen oder ähnlichen Pflichtverletzung sehen wir uns gezwungen, Ihr Arbeitsverhältnis zu kündigen.

Wir bitten Sie, uns den Erhalt dieser Abmahnung, die wir zu Ihren Personalakten nehmen werden, auf dem beigefügten Zweitexemplar zu bestätigen.

Mit freundlichen Grüßen

44 Für Aushilfskräfte gibt es keinen Kündigungsschutz

Doch, die allgemeinen arbeitsrechtlichen Bestimmungen gelten auch für Aushilfskräfte, weil sie echte Arbeitnehmer sind. Allerdings gibt es einige arbeitsrechtliche Normen, die eine gewisse Mindestdauer des Arbeitsverhältnisses vorschreiben, bevor ihre Rechte entstehen.

Beispiel: Kündigungsschutzgesetz greift

Die Spedition Maier beschäftigt eine Aushilfskraft für zehn Stunden die Woche, um die umfangreiche Ablage in der Buchhaltung erledigen zu lassen. Der Personalleiter einigt sich mit der Aushilfskraft per Handschlag, an arbeitsrechtliche Konsequenzen denkt er nicht, da es sich ja eh nur um eine Aushilfsbeschäftigung handelt. Als er der Aushilfskraft nach acht Monaten sagt, dass die Arbeit erledigt sei und sie wieder zu Hause bleiben könne, bekommt er eine Kündigungsschutzklage.

44.1 Kündigungsschutz für alle Arbeitnehmer

Kündigungsschutz genießen nur Arbeitnehmer. Das sind diejenigen, die aufgrund eines privatrechtlichen Vertrages oder eines ihm gleichgestellten Rechtsverhältnisses im Dienst eines anderen zur unselbstständigen Arbeit verpflichtet sind. Dabei müssen die Dienste in persönlicher Abhängigkeit erbracht werden. Auch Teilzeitbeschäftigte fallen in den Geltungsbereich des Kündigungsschutzgesetzes. Für unseren Beispielsfall heißt das, dass die Mitarbeiterin gute Erfolgsaussichten für ihre Klage hat, wenn die sonstigen Voraussetzungen des KSchG erfüllt sind. Jedenfalls hat sie die Wartezeit von sechs Monaten erfüllt und die Teilzeitbeschäftigung steht ihrem Status als Arbeitnehmerin nicht entgegen.

Aushilfskräfte sind Arbeitnehmer, die nur für eine im Voraus festgelegte kürzere Zeit oder nur für eine bestimmte Arbeit eingestellt sind, etwa zur Behebung eines vorübergehenden Bedarfs an Arbeitskräften,

z. B. bei starkem Geschäftsanfall. An ihrer Arbeitnehmereigenschaft ändert dies aber nichts. Insbesondere werden Aushilfskräfte nicht vom Kündigungsschutz ausgeschlossen, auch der besondere Kündigungsschutz der Schwangeren und Müttern besteht.

Achtung:
Die allgemeinen arbeitsrechtlichen Bestimmungen gelten auch für Aushilfskräfte, weil sie echte Arbeitnehmer sind. Die folgenden arbeitsrechtliche Gesetze schreiben jedoch eine gewisse Mindestdauer des Arbeitsverhältnisses vor, bevor Ansprüche entstehen können:

- § 8 BetrVG: Aushilfskräfte können in den Betriebsrat gewählt werden, wenn sie mindestens sechs Monate dem Betrieb angehören.
- § 5 Abs. 1 BUrlG: Der Urlaubsanspruch setzt ein bestehendes Arbeitsverhältnis von einem Monat voraus.
- § 3 Abs. 3 EFZG: Die Entgeltfortzahlung bei Arbeitsunfähigkeit setzt erst nach vierwöchigem Bestehen des Arbeitsverhältnisses ein.
- § 1 NachwG: Der Anspruch auf Niederschrift der wesentlichen Arbeitsbedingungen gilt nicht für Arbeitnehmer, die zur vorübergehenden Aushilfe von höchstens einem Monat eingestellt werden.

44.2 Meine Tipps

Tipp 1: Kein Risiko bei schwerbehinderten Aushilfen

Auch mit einem Schwerbehinderten können Sie einen befristeten Arbeitsvertrag zur Aushilfe abschließen. Hier bestehen jedoch auch bei unbefristeten Arbeitsverträgen keine Kündigungshindernisse, da Schwerbehinderte mit einem Grad der Behinderung von mindestens 50 in den ersten sechs Monaten ohne vorherige Zustimmung des Integrationsamts gekündigt werden können.

Tipp 2: Kürzere Kündigungsfrist ist möglich

Sie können Sie mit Ihrer Aushilfe eine kürzere als die gesetzliche Kündigungsfrist vereinbaren. Voraussetzung ist, dass der Arbeitnehmer vorübergehend eingestellt wurde und das Arbeitsverhältnis über die Zeit von drei Monaten hinaus nicht fortgesetzt wird.

45 In einer Kündigung muss ich immer einen Grund nennen

Nein! In Ihrer Kündigungserklärung müssen Sie grundsätzlich keinen Grund nennen. Allerdings sollten Sie zwischen ordentlichen und fristlosen Kündigungen unterscheiden. Für letztere gelten besondere Regeln.

Beispiel: Fristlose Kündigung aus welchem Grund?

Die Spedition Maier spricht gegenüber einem Buchhalter die fristlose Kündigung aus, da sich herausgestellt hat, dass er Firmengelder unterschlagen hat. Ein Grund wird im Kündigungsschreiben nicht angegeben. Der Buchhalter meint, dass die Kündigung schon deshalb unwirksam ist.

45.1 Den Grund müssen Sie nicht angeben

Die Angabe des Kündigungsgrundes ist für die Wirksamkeit einer ordentlichen Kündigung grundsätzlich nicht erforderlich. Im Arbeitsvertrag, im Tarifvertrag oder in einer Betriebsvereinbarung kann jedoch festgelegt sein, dass bei einer Kündigung der Kündigungsgrund angegeben werden muss. Dies kann zur Folge haben, dass eine Kündigung ohne Angabe des Kündigungsgrundes oder ohne hinreichend konkrete Angabe des Kündigungsgrundes nichtig ist. Hier sollten Sie also zunächst die einschlägigen Tarifverträge prüfen. Darüber hinaus regelt der Gesetzgeber in § 9 Abs. 3 Satz 2 MuSchG einen Sonderfall, in dem der Kündigungsgrund bei einer ordentlichen Kündigung in der Kündigungserklärung zu nennen ist: Die Kündigung gegenüber einer Frau während der Schwangerschaft und bis zum Ablauf von vier Monaten nach der Entbindung ist unzulässig. In seltenen Ausnahmefällen kann eine behördliche Zustimmung zu einer solchen Kündigung erteilt werden. Erforderlich ist aber, dass in der Kündigungserklärung der Kündigungsgrund angegeben wird.

Außerordentliche Kündigung: Angabe auf Verlangen

Auch bei außerordentlichen Kündigungen muss der Grund zunächst nicht genannt werden, es sei denn, es ist Gegenteiliges im Arbeitsvertrag, Betriebsvereinbarung oder Tarifvertrag geregelt.

> **Achtung:**
> Darüber hinaus gibt es einen gesetzlich geregelten Ausnahmefall: Gemäß § 22 Abs. 3 BBiG kann einem Auszubildenden nach Ablauf der Probezeit nur noch außerordentlich – also aus wichtigem Grund gekündigt werden. In einer solchen Kündigung muss der Kündigungsgrund angegeben werden.

Außerdem muss der Kündigende dem anderen auf Verlangen den Kündigungsgrund unverzüglich schriftlich mitteilen, wenn es sich um eine außerordentliche Kündigung handelt. Der Verstoß gegen diese Verpflichtung (§ 626 Abs. 2 Satz 3 BGB) führt aber nicht zur Unwirksamkeit der bereits ausgesprochenen Kündigung. Sie müssen also auch bei einer außerordentlichen Kündigungserklärung den Grund nicht nennen.

In unserem Beispielfall ist die fristlose Kündigung – sofern nicht andere Gründe entgegenstehen – jedenfalls nicht deshalb unwirksam, weil der Kündigungsgrund in der Kündigungserklärung nicht genannt wurde. Wenn der Mitarbeiter den Grund wissen will, muss ihm dieser schriftlich mitgeteilt werden.

> **Achtung:**
> Handelt es sich um einen Ausnahmefall, in dem der Kündigungsgrund genannt werden muss, gleichgültig, ob es sich um eine ordentliche oder außerordentliche Kündigung handelt, dann muss der Grund oder die Gründe so genau bezeichnet werden, dass der Kündigungsempfänger genügend klar erkennen kann, was gemeint ist und was ihm - bei einer verhaltensbedingten Kündigung - zur Last gelegt wird. Die bloße Bezugnahme auf ein Gespräch, in dem die Kündigungsgründe mündlich erläutert wurden, reicht nicht aus. Auch die Bezeichnung als „betriebsbedingt" ist nicht ausreichend konkret.

45.2 Meine Tipps

Tipp 1: Hilfsweise ordentlich kündigen

Die Anforderungen an eine außerordentliche Kündigung sind sehr streng. Um sicherzustellen, dass das Arbeitsgericht im Kündigungsschutzprozess hilfsweise die weniger strengen Voraussetzungen einer ordentlichen Kündigung prüft, sollten Sie eine außerordentliche Kündigung hilfsweise zugleich auch als ordentliche Kündigung erklären. Von dem Mitarbeiter wollen Sie sich ja auf jeden Fall trennen. Verwenden Sie folgenden Formulierungsvorschlag für Ihr Kündigungsschreiben: „*Hiermit kündigen wir Ihnen das Arbeitsverhältnis fristlos mit sofortiger Wirkung, hilfsweise ordentlich zum ... .*"

Tipp 2: Ordnungemäße Anhörung des Betriebsrats

Wenn Sie eine fristlose Kündigung hilfsweise als ordentliche Kündigung erklären und in Ihrem Unternehmen ein Betriebsrat besteht, müssen Sie folgendes beachten: Die ordentliche Kündigung, die in Ihrer Kündigung steckt, ist nur wirksam, wenn der Betriebsrat ordnungsgemäß sowohl zur außerordentlichen als auch zur ordentlichen Kündigung angehört wurde. Wenn Sie den Betriebsrat also zur außerordentlichen Kündigung anhören, weisen Sie ihn gleich darauf hin, dass die vorgesehene außerordentliche Kündigung hilfsweise als ordentliche Kündigung gelten soll.

Wenn Sie die außerordentliche Kündigung so mit einer ordentlichen verbinden, müssen Sie dem Betriebsrat aber eine Woche statt drei Tage Zeit geben. Erst nach Ablauf dieser Frist dürfen Sie die hilfsweise mit der außerordentlichen Kündigung verbundene ordentliche Kündigung aussprechen, wenn der Betriebsrat der Kündigung nicht sofort zustimmt oder eine abschließende Stellungnahme abgibt.

46 Der Betriebsrat muss jeder Kündigung zustimmen

Nein! Einer Kündigung zustimmen muss der Betriebsrat nie. Wenn in einer Firma ein Betriebsrat besteht, muss dieser vor jeder Kündigung angehört werden – eine Zustimmung brauchen Sie als Arbeitgeber nicht. In dem Anhörungsverfahren sind dem Betriebsrat die für die vorgesehene Kündigung maßgebenden Umstände so darzulegen, dass er in der Lage ist, die Stichhaltigkeit der Gründe zu prüfen und sich über eine Stellungnahme schlüssig zu werden. Auch wenn der Betriebsrat Bedenken gegen eine Kündigung äußert, wirkt sich das nicht auf die Wirksamkeit der Kündigung aus.

Beispiel: Der Betriebsrat ist entsetzt

Die Spedition Maier will ihrer Sekretärin ordentlich kündigen. Ihr Arbeitsplatz ist überflüssig geworden, die Sekretariatsaufgaben werden von den einzelnen Mitarbeitern nun selbst erledigt. Zuvor wird der Betriebsrat angehört, der eine ausführliche Stellungnahme bei der Geschäftsleitung abgibt. Er widerspricht der Kündigung vehement und legt dar, aus welchen Gründen die Kündigung unwirksam und sozial nicht gerechtfertigt sei. Die Spedition kündigt trotzdem zehn Tage nachdem sie die Stellungnahme des Betriebsrats erhalten hat. Die Sekretärin ist der Meinung, dass allein auf Grund der Äußerungen des Betriebsrats klar ist, dass diese Kündigung nichtig ist.

46.1 Anhören ja – zustimmen nein

Nach Abschluss des Anhörungsverfahrens ist der Arbeitgeber zur Kündigung berechtigt, auch wenn der Betriebrat Bedenken gegen die Kündigung erhoben hat oder der Kündigung widerspricht. Er ist zuvor allerdings aufgrund der Verpflichtung zur vertrauensvollen Zusammenarbeit mit dem Betriebsrat gehalten, sich mit den Widerspruchsgründen oder den Bedenken des Betriebsrates auseinander zusetzen. Ein Verstoß gegen diese Verpflichtung führt allerdings nicht zur Unwirksamkeit der Kündigung. Abgeschlossen ist das Anhörungsverfahren bei einer ordentlichen Kündigung am achten Kalendertag nach vollständiger Unterrichtung des Betriebsrates über die beabsichtigte Kündigung. Bei einer außerordentlichen Kündigung ist das Anhörungsverfahren am vierten Kalendertag nach ordnungsgemäßer Betriebsratsanhörung abgeschlossen. Kündigt der Arbeitgeber, obwohl der Betriebsrat der Kündigung widersprochen und Widerspruchsgründe dargelegt hat, ist er verpflichtet, dem Arbeitnehmer mit der Kündigung eine Abschrift der Stellungnahme des Betriebsrates zuzuleiten.

Achtung:

Der Arbeitnehmer kann nach Erhebung der Kündigungsschutzklage bei ordnungsgemäßem Widerspruch des Betriebsrats verlangen, auch nach Ablauf der Kündigungsfrist bis zum rechtskräftigen Abschluss des Kündigungsschutzverfahrens bei unveränderten Arbeitsbedingungen weiterbeschäftigt zu werden. Für die Zeit der tatsächlichen Beschäftigung nach Ablauf der Kündigungsfrist steht ihm der Vergütungsanspruch auch dann zu, wenn vom Arbeitsgericht die Rechtmäßigkeit der Kündigung und die Beendigung des Arbeitsverhältnisses festgestellt wird. Wollen Sie eine solche Weiterbeschäftigung vermeiden, dann können Sie am Arbeitsgericht einen Antrag auf Befreiung von der Weiterbeschäftigungspflicht gemäß § 102 Abs. 5 S. 2 BetrVG stellen.

Von der Weiterbeschäftigungspflicht werden Sie entbunden, wenn

- die Kündigungsschutzklage des Arbeitnehmers keine hinreichende Aussicht auf Erfolg bietet oder
- die Weiterbeschäftigung zu einer unzumutbaren wirtschaftlichen Belastung des Arbeitgebers führen würde oder
- der Widerspruch des Betriebsrats offensichtlich unbegründet war.

In unserem Beispielfall ist das Anhörungsverfahren ordnungsgemäß gelaufen. Die Widersprüche des Betriebsrats führen nicht zur Unwirksamkeit der Kündigung.

46.2 Meine Tipps

Tipp 1: Diese Informationen benötigt der Betriebsrat

Um ein ordnungsgemäßes Anhörungsverfahren einzuleiten, müssen Sie folgende Informationen an den Betriebsrat geben:

- Bei der Anhörung müssen Sie dem Betriebsrat die Gründe für die Kündigung mitteilen und den zugrundeliegenden Sachverhalt näher umschreiben.
- Sie müssen den Betriebsrat über die Person, das Lebensalter und die Dauer der Betriebszugehörigkeit des zu kündigenden Arbeitnehmers unterrichten.
- Sie müssen die Kündigungsart – ordentlich, außerordentlich, Änderungskündigung – nennen.

Der Betriebsrat ist außerdem über die Kündigungsfrist und den Kündigungstermin zu unterrichten.

Tipp 2: Der Betriebsrat muss sich nicht äußern

Wundern Sie sich nicht, wenn sich Ihr Betriebsrat zu einer beabsichtigten Kündigung nicht äußert. Er ist dazu nicht verpflichtet. Er kann vielmehr über die Kündigungsgründe beraten und dennoch keine Stellungnahme abgeben. In diesem Fall gilt bei einer ordentlichen Kündigung die Zustimmung nach Ablauf einer Woche ab Anhörung als erteilt. In der Praxis ist häufig festzustellen, dass Betriebsräte, die eine Kündigung für gerechtfertigt halten, die Zustimmung nicht ausdrücklich erlassen, sondern sich nicht äußern und damit der Kündigung gemäß § 102 Abs. 2 S. 2 BetrVG rechtlich zustimmen.

Fallen und Irrtümer rund um das Arbeitszeugnis

47 Der Arbeitnehmer hat das Recht auf ein positives Zeugnis

Ein Arbeitszeugnis muss nicht positiv sein, wenn es z. B. keine positiven Leistungen gab, die in einem Zeugnis erwähnt werden könnten. Allerdings sollte ein Zeugnis wohlwollend formuliert sein und darf den Arbeitnehmer in seinem Fortkommen nicht behindern.

Beispiel: Der Faulpelz kündigt

Ein Lagerarbeiter der Spedition Mayer kündigt sein Arbeitsverhältnis. Darüber ist man nicht traurig, denn der Lagerarbeiter war bei Vorgesetzten und Kollegen als „fauler Geselle" bekannt. Sowohl der Personalleiter als auch sein Vorgesetzter sind sich einig, dass das Arbeitszeugnis entsprechend ausfallen muss, damit potenzielle Arbeitgeber vorgewarnt sind. Der Lagerarbeiter meint, dass er Anspruch auf ein sehr positives Zeugnis habe – ganz gleich wie seine Leistungen tatsächlich waren.

Im Arbeitszeugnis müssen alle wesentlichen Tatsachen und Bewertungen angegeben werden, die für die Gesamtbeurteilung des Beschäftigten von Bedeutung und für Dritte von Interesse sind. Einmalige Vorfälle oder Umstände, die für den Arbeitnehmer und seine Führung und Leistungen nicht charakteristisch sind, dürfen im Zeugnis nicht aufgenommen werden. Das außerdienstliche Verhalten des Beschäftigten darf im Zeugnis nur erwähnt werden, wenn es sich dienstlich auswirkt (z. B. Trunk- oder Drogensucht).

47.1 Die Wahrheit hat Vorrang

Der Inhalt des Arbeitszeugnisses hat zwei Geboten gerecht zu werden: der Zeugniswahrheit und der wohlwollenden Beurteilung durch den Arbeitgeber. Oberster Grundsatz für die Zeugniserteilung ist die Wahrheit der Beurteilung. Das Zeugnis darf deshalb nur Tatsachen, dagegen keine Behauptungen, Annahmen oder Verdachtsmomente enthalten.

Achtung:
Der Maßstab der wohlwollenden Beurteilung bei der Zeugnisformulierung steht in einem gewissen Kontrast zur Wahrheitspflicht. Die Verpflichtung zur Ausstellung eines wohlwollenden Zeugnisses ist deshalb wegen des Vorrangs der Wahrheitspflicht begrenzt.

Der notwendige Inhalt des Arbeitszeugnisses ergibt sich aus der zweiseitigen Zielsetzung des Zeugnisses: Es soll einerseits dem Arbeitnehmer als Unterlage für eine neue Bewerbung dienen. Seine Belange sind also gefährdet, wenn er unterbewertet wird. Andererseits soll das Zeugnis der Unterrichtung eines Dritten dienen, der die Einstellung des Arbeitnehmers in Erwägung zieht. Dessen Belange sind gefährdet, wenn der Arbeitnehmer überbewertet wird. Die zweite Zielsetzung des Zeugnisses, die Unterrichtung eines Dritten, ist nur so weit zu berücksichtigen, wie es das Interesse des Dritten erfordert. Der Arbeitgeber darf und muss deshalb wahre Tatsachen und Beurteilungen nur insoweit in dem Zeugnis angeben, als ein künftiger Arbeitgeber hieran ein berechtigtes Interesse haben kann.

Achtung:
Ist ein Arbeitszeugnis nicht ordnungsgemäß, bspw. weil wesentliche Aufgaben des Arbeitnehmers nicht erwähnt sind oder weil die Leistungs- oder Verhaltensbeurteilung nicht zutreffend ist, muss der Arbeitgeber das bereits ausgestellte Arbeitszeugnis berichtigen. Schreibfehler sind zu korrigieren, ebenso unrichtige Daten oder Bezeichnungen. Der Arbeitnehmer hat Anspruch auf Berichtigung des Zeugnisses, wenn das ihm ausgestellte Zeugnis nicht ordnungsgemäß ist und hierdurch sein berufliches Fortkommen beeinträchtigt sein könnte.

In unserem Beispiel kann der Mitarbeiter eine Korrektur seiner Leistungsbeurteilung ruhig verlangen. Geht der Arbeitgeber nicht darauf ein, muss er eine Klage beim Arbeitsgericht erheben. Dort wird sein Anliegen aber wenig Aussicht auf Erfolg haben. Das BAG geht nämlich davon aus, dass hinsichtlich der Beurteilung von Leistung und Führung der Arbeitgeber einen Beurteilungsspielraum hat, der gerichtlich nur eingeschränkt überprüft werden kann.

Wer was beweisen muss

Nach Auffassung des Bundesarbeitsgerichts muss

- der Arbeitnehmer darlegen und beweisen, dass er überdurchschnittlich war.
- der Arbeitgeber darlegen und beweisen, dass der Arbeitnehmer unterdurchschnittlich beurteilt werden musste.

Wenn der Mitarbeiter weithin als Faulpelz bekannt war, dann wird der Arbeitgeber ohne Probleme beweisen können, dass der Mitarbeiter unterdurchschnittlich bewertet werden musste. Der Arbeitnehmer hingegen wird sich schwer tun darzulegen, dass seine Leistungen überdurchschnittlich waren.

Haben Sie eine durchschnittlich Leistungsbewertung in einem Zeugnis formuliert haben –z. B. „... hat die ihm übertragenen Leistungen zu unserer Zufriedenheit erledigt.“ – kommen Sie nicht in Beweisschwierigkeiten. Hier muss nämlich der Arbeitnehmer beweisen, dass es Tatsachen gibt, die eine bessere Bewertung rechtfertigen.

47.2 Meine Tipps

Tipp 1: Anerkannte Leistungsbeurteilungen nutzen

Die folgenden Formulierungen für eine Leistungsbeurteilung sind anerkannt, unzweifelhaft und haben sich in der Praxis bewährt:

Note	Formulierung
sehr gute Leistungen	hat die ihm übertragenen Aufgaben stets zu unserer vollsten Zufriedenheit erledigt.
gute Leistungen	hat die ihm übertragenen Aufgaben stets zu unserer vollen Zufrieden erledigt.
befriedigende Leistungen	hat die ihm übertragenen Aufgaben zu unserer Zufriedenheit erledigt.
mangelhafte Leistungen	hat die ihm übertragenen Aufgaben im Großen und Ganzen zu unserer Zufriedenheit erledigt.
ungenügende Leistungen	hat sich bemüht, die ihm übertragenen Aufgaben zu unserer Zufriedenheit zu erledigen.

Tipp 2: Die richtigen Aussagen treffen

Wenn Sie bestimmte Aussagen in einem Arbeitszeugnis treffen wollen, können Sie die folgenden Formulierungen nutzen:

Aussage	Formulierung
schlechte Leistungen	hat unseren Erwartungen entsprochen.
mangelhafte Initiative	hat alle Arbeiten ordnungsgemäß erledigt.
trotz Bemühens kein Erfolg	führte die ihm übertragenen Aufgaben mit großem Fleiß und Interesse durch.
die gebotenen Gelegenheit blieben ungenutzt und erfolglos	hatte Gelegenheit, alle Aufgaben eines Einkäufers zu erledigen.
Mangel an Durchsetzungsvermögen	kam mit seinen Vorgesetzten gut zurecht.
totale Unfähigkeit	war wegen seiner Pünktlichkeit stets ein gutes Vorbild.
beschränktes Leistungsvermögen	hat sich im Rahmen seiner Fähigkeiten eingesetzt.
Faulheit	zeigte für seine Arbeit Verständnis.

Tipp 4: Auf Schlussformulierungen achten

Auch für die Gründe der Beendigung eines Arbeitsverhältnisses haben sich relativ feste Formulierungen etabliert:

Grund der Beendigung des Arbeitsverhältnisses	Formulierung
Arbeitnehmerkündigung	... verlässt uns auf eigenen Wunsch ...
Arbeitgeberkündigung	... verlässt uns zum ...
Aufhebungsvertrag	... im gegenseitigen Einvernehmen ...

48 Am besten, man verwendet einen Zeugnis-Code

Davon sollten Sie besser Abstand nehmen. Nach ständiger Rechtsprechung der Arbeitsgerichte sind diese Geheimcodes unzulässig. Der Arbeitnehmer hat bei der Verwendung solcher Formulierungen einen gerichtlich durchsetzbaren Anspruch auf Entfernung aus dem Arbeitszeugnis. Um unnötige Prozesse zu vermeiden, sollten Sie diese Geheimcodes nicht einsetzen. Umgekehrt können Sie jedoch bei der Auswertung von Bewerbungsunterlagen die Zeugnisse dahingehend lesen, ob versteckte Informationen vorhanden sind.

Beispiel: Der Schürzenjäger kündigt

Ein Lagerarbeiter bewirbt sich bei der Spedition Maier. Es handelt sich um einen vielversprechenden Kandidaten. Im Zeugnis des letzten Arbeitgebers liest der Personalleiter folgenden Passus: „Für die Belange der Belegschaft zeigte es besonders umfassendes Einfühlungsvermögen." Der Personalleiter kann mit dieser Aussage nichts anfangen.

48.1 Rückschlüsse auf Verhaltensweisen

Davon abgesehen, dass diese Formulierung in einem Arbeitszeugnis nichts zu suchen hat, da sie den Arbeitnehmer in unzulässiger Weise beeinträchtigen kann, kann der Personalleiter auf bestimmte Verhaltensweisen rückschließen. In unserem Beispielfall will der ehemalige Arbeitgeber zum Ausdruck bringen, dass es sich um einen „Schürzenjäger" handelt. Vielleicht ist es dem Lagerarbeiter nicht aufgefallen, er hätte jedoch einen Anspruch gegen den ehemaligen Arbeitgeber auf eine Korrektur des Zeugnisses gehabt. Wenn Ihnen Zeugnisse in Bewerbungsunterlagen vorgelegt werden, stecken darin häufig Aussagen, die Rückschlüsse auf die Person des Bewerbers zulassen. Die folgende Tabelle finden Sie auch auf Ihrer CD-ROM.

Formulierung	Bedeutung
Für die Belange der Belegschaft bewies er immer Einfühlungsvermögen.	(= Er suchte sexuelle Kontakte im Kollegenkreis)
Für die Belange der Belegschaft beweis er immer umfassendes Einfühlungsvermögen.	(= Er suchte sexuelle Kontakte im Kollegenkreis) oder (= Er suchte homosexuelle Kontakte im Kollegenkreis)
Sie war tüchtig und wusste sich gut zu verkaufen.	(= Eine unangenehme Mitarbeiterin, der es an Kooperationsbereitschaft mangelt)
Mit seinen Vorgesetzten ist er gut zurechtgekommen.	(= Ein Mitläufer und Ja-Sager, der sich gut verkaufen kann)
Er verfügt über Fachwissen und hat ein gesundes Selbstvertrauen.	(= Überspielt mit Arroganz sein mangelndes Fachwissen)
Er zeigte stets Engagement für Arbeitnehmerinteressen außerhalb der Firma.	(= Er hat an Streiks tei genommen)
Er hat mit seiner geselligen Art zur Verbesserung des Betriebsklimas beigetragen.	(= Er hat Alkoholprobleme)
Er trat engagiert für die Interessen der Kollegen ein.	(= Er war Mitglied des Betriebsrats)
Er trat sowohl innerhalb als auch außerhalb unseres Unternehmens engagiert für die Interessen der Arbeitnehmer ein.	(= Er war gewerkschaftlich aktiv)
Er machte sich mit großem Eifer an die ihm übertragenen Aufgaben.	(= Trotz Fleiß hatte er keinen Erfolg)
Er zeigte Verständnis für seine Arbeit.	(= Er brachte keine Leistung)
Er erledigte alle Aufgaben pflichtbewusst und ordnungsgemäß.	(= Er war ein Bürokrat ohne Eigeninitiative)
Sie verstand es, alle Aufgaben mit Erfolg zu delegieren.	(= Sie drückte sich vor der Arbeit)
Er war seinen Mitarbeitern jederzeit ein verständnisvoller Vorgesetzter.	(= Er besaß keine Durchsetzungsstärke und wurde nicht respektiert)
Er koordinierte die Arbeit seiner Mitarbeiter und gab klare Anweisungen.	(= Er beschränkte sich auf Anweisen und Delegieren)
Sie hat alle Aufgaben in ihrem und im Firmeninteresse gelöst.	(= Sie hat Firmeneigentum gestohlen)
Im Umgang mit Kollegen und Vorgesetzten zeigte er durchweg eine erfrischende Offenheit.	(= Er war sehr vorlaut)
Ihre umfangreiche Bildung machte sie zu einer gesuchten Gesprächspartnerin.	(= Sie führte lange Privatgespräche)

Seine Auffassungen wusste er intensiv zu vertreten.	(= Er hat ein übersteigertes Selbstbewusstsein)
Er zeichnete sich insbesondere dadurch aus, dass er viele Verbesserungsvorschläge zur Arbeitserleichterung machte.	(= die aber nicht umgesetzt werden konnten)
Wir bestätigen gerne, dass er mit Fleiß, Ehrlichkeit und Pünktlichkeit an seine Aufgaben herangegangen ist.	(= Ihm fehlt die fachliche Qualifikation)
Vorgesetzten und Kollegen war er durch seine aufrichtige und anständige Gesinnung ein angenehmer Mitarbeiter.	(= Ihm mangelt es an Tüchtigkeit)
Die ihm gemäßen Aufgaben...	(= Die anspruchslosen Aufgaben...)
Er arbeitete sehr genau und erledigte seine Aufgaben ordnungsgemäß.	(= uneffektiv und bürokratisch)
Er war mit Interesse bei der Sache.	(= aber ohne Erfolg)
Er zeigte reges Interesse an seiner Arbeit.	(= Er hatte keinen Erfolg)
Er hatte Gelegenheit, die ihm übertragenen Aufgaben zu erledigen.	(= Aber es gelang ihm nicht)
Wegen seiner Pünktlichkeit war er stets ein gutes Beispiel.	(= Aber nicht wegen seiner Leistung)
Sie war tüchtig und in der Lage, ihre Meinung zu vertreten.	(= Sie hat eine hohe Meinung von sich und verträgt keine Kritik)
Er arbeitete sehr nach eigener Planung.	(= Aber nicht nach der Planung des Arbeitgebers)
Das Produktionsniveau konnte durch ihre Leistung gehalten werden.	(= Sie erreichte keine Verbesserung)
Ihm wurde die Gelegenheit zu Fortbildungsmaßnahmen geboten.	(= die er nicht genutzt hat)
Er war Neuem gegenüber aufgeschlossen	(= Aber nicht, um es zu verarbeiten)
Er hatte auch brauchbare Vorschläge gemacht.	(= Sie wurden aber nicht übernommen)
Sie gab viele Anregungen, die geprüft wurden.	(= Sie wurden aber nicht übernommen)
Seine Standpunkte stellt er in selbstbewusster Art vor.	(=arrogant, anmaßend; besser: Er ist ein selbständige Persönlichkeit, die seinen Standpunkt vertritt, doch stets in angemessener Weise)

Er ist ein anspruchsvoller und kritischer Mitarbeiter.	(= Er ist egozentrisch und nörgelt gerne)
Er war kontaktbereit.	(= Aber nicht kontaktfähig)
Bei Kunden war er schnell beliebt.	(= Er machte viele Zugeständnisse, besitzt keine Verhandlungsstärke)
Er praktizierte einen kooperativen Führungsstil und war deshalb von seinen Mitarbeitern sehr geschätzt.	(= Er kann sich nicht durchsetzen)
Sie führte mit fester Hand.	(= Autoritärer Führungsstil)
Er führte konsequent.	(= Autoritärer Führungsstil)
Er führte straff demokratisch.	(= Autoritärer Führungsstil)
Er scheidet aus, um in einem anderen Unternehmen eine höherwertige Tätigkeit zu übernehmen.	(= die wir ihm nicht zutrauten bzw. anbieten wollten)
Er schied aus, um sich finanziell zu verbessern.	(= Wir waren nicht bereit, ihm mehr zu bieten)
Er schied im beiderseitigen Einvernehmen aus.	(= Kündigung durch den Arbeitgeber - eine wirklich einvernehmliche Aufhebung wird umschrieben mit „im besten beiderseitigen Einvernehmen")
Wir haben uns einvernehmlich getrennt.	(= Auf Initiative des Arbeitgebers erfolgte Eigenkündigung des Arbeitnehmers oder Abschluss eines Aufhebungsvertrages)
Das Arbeitsverhältnis endet am ... (krummes Datum)	(= Fristlose Kündigung oder Vertragsbruch, üblich ist der 30./31. eines Monates als Ausscheidungsdatum)
Unsere besten Wünsche begleiten ihn.	(= Ironie, wenn der Arbeitgeber gekündigt hat)
Seine Mitarbeiter schätzten ihn als umgänglichen Vorgesetzten.	(= Er achtete zuwenig auf deren Leistung)
Wir lernten sie als umgängliche Kollegin kennen.	(= Sie war unbeliebt)
Wir wünschen ihm für die Zukunft alles nur erdenklich Gute.	(=Ironie)
Wir wünschen alles Gute, insbesondere auch Erfolg.	(= den er bei uns nicht hatte)
Er stand stets voll (!) hinter uns.	(= Trunksucht)

48.2 Meine Tipps

Tipp 1: Formulierungen nicht überbewerten

Bewerten Sie Formulierungen wie diese aus der Liste nicht über. Oftmals werden Zeugnisse von Personen ausgestellt, die diese Zeugnissprache weder kennen noch beherrschen. Mit bestem Wissen und Gewissen wird dann eine Formulierung gewählt, die einem Leser zweifelhaft erscheinen kann.

Tipp 2: Besser auf Codes verzichten

Verzichten Sie beim Ausstellen eines Zeugnisses auf solche Formulierungen. Sie haben nichts davon, denn die meisten sind ohnehin unzulässig und Ihr Mitarbeiter kann einen Zeugnisberichtigungsanspruch vor dem Arbeitsgericht geltend machen.

Fallen und Irrtümer im Arbeitsgerichtsprozess

49 Wer den Prozess verliert, muss alle Anwaltskosten tragen

Nein! Anders als im Zivilprozess gibt es in der ersten Instanz vor dem Arbeitsgericht keinen Erstattungsanspruch der Verfahrenskosten zu Lasten der unterliegenden Partei. Anders formuliert: Das Prozessrisiko beschränkt sich auf die Gerichtskosten und die Kosten für den eigenen Anwalt. Selbst wenn Sie einen Prozess vor dem Arbeitsgericht verlieren, muss Ihr Mitarbeiter die Kosten für seinen Anwalt selbst bezahlen.

Beispiel: Risiko falsch eingeschätzt

Die Spedition Maier will einem Mitarbeiter kündigen. Der Personalleiter vermutet, dass diese Kündigung rechtsunwirksam ist – sie lässt sich allerdings nicht vermeiden. Da er eine Kündigungsschutzklage befürchtet, berechnet er die Kosten für ein solches Verfahren. Dabei bezieht er die Kosten für den Anwalt des Mitarbeiters ein. Die Summe aller Kosten bewegt ihn dazu, dem Mitarbeiter einen Aufhebungsvertrag mit einer hohen Abfindungssumme anzubieten statt eine Kündigung auszusprechen.

49.1 Wie Sie das Prozessrisiko richtig bewerten

Ein Aufhebungsvertrag – auch mit einer hohen Abfindungssumme – stellt einige Vorteile für Sie als Arbeitgeber dar. Kommt er wirksam zustande, haben Sie beispielsweise für die Zukunft nichts mehr zu befürchten. Trotzdem hätte der Personalleiter in unserem Beispielfall die Kosten des gegnerischen Anwalts nicht in seine Berechnungen mit einfließen lassen dürfen. Dadurch hat er das Prozessrisiko falsch bewertet und unter Umständen eine zu großzügige Abfindung angeboten.

Achtung:
Die Anwaltsgebühren richten sich nach dem vom Gericht festgesetzten Streitwert. Im Urteilsverfahren in erster Instanz besteht kein Anspruch gegen den Prozessgegner auf Erstattung der aufgewendeten Kosten für einen Rechtsanwalt - auch dann nicht, wenn der Prozess gewonnen wird und der Ausgang des Rechtsstreits noch so eindeutig war. Die Anwälte müssen hierauf vor Abschluss des Mandatsverhältnisses hinweisen. Bei Berufungs- und Revisionsverfahren bleibt es aber bei den allgemeinen Kostenregelungen. Von der unterlegenen Partei sind die dem Gegner entstandenen Kosten zu erstatten - dazu gehören insbesondere die Rechtsanwaltskosten.

49.2 Meine Tipps

Tipp 1: Gerichtskosten sind überschaubar

Die Gebühren, die an das Arbeitsgericht zu zahlen sind, halten sich in Grenzen und sind überschaubar. Arbeitsgerichtsgebühren sind einerseits deutlich niedriger als in der ordentlichen Gerichtsbarkeit. Zum anderen werden sie regelmäßig nur dann erhoben, wenn sich die Parteien nicht gütlich einigen und das Gericht eine Entscheidung treffen muss. Beispiel: Sie streiten sich um eine Gehaltsforderung in Höhe von 3.000 EUR. Darüber ergeht ein Urteil. Die Gerichtsgebühren betragen in diesem Fall 178 EUR. Zu den Gebühren kommen noch die Auslagen des Verfahrens (z. B. die an die Zeugen und Sachverständige ausgezahlte Entschädigung). Die Aufteilung der entstandenen Gerichtskosten auf die Parteien hängt von dem Ausgang des Verfahrens ab. Beispiel: Werden Sie verurteilt, an den Arbeitnehmer 1.500 zu zahlen, dann haben Sie zu 50 % gewonnen und zu 50 % verloren. Von den Gerichtskosten müssen Sie dann die Hälfte tragen.
Auf der beiliegenden CD-ROM und unter 49.3 finden Sie einen Beispielfall, der Ihnen zeigt, mit welchen Anwalts- und Gerichtsgebühren Sie vor dem Arbeitsgericht rechnen müssen.

Tipp 2: Nicht an falscher Stelle sparen

Im Arbeitsgerichtsprozess besteht im Verfahren erster Instanz kein Anwaltszwang, so dass Sie sich dort selbst vertreten können. Eine juristische Person oder eine Personengesellschaft muss durch die Personen vertreten werden, die hierzu von Gesetzes wegen befugt sind (persönlich haftender Gesellschafter, Geschäftsführer oder Vorstand). Diese können sich aber wiederum durch Angestellte des eigenen Unternehmens vertreten lassen. Dazu ist die Vorlage einer entsprechenden Vollmacht bei Gericht erforderlich. Wenn Sie als persönlich haftender Gesellschafter kein Interesse daran haben, beim Arbeitsgericht Ihr Unternehmen zu vertreten, dann können Sie beispielsweise Ihren Personalleiter bevollmächtigen, für Sie am Termin teilzunehmen. Das geht natürlich nicht, wenn Ihr persönliches Erscheinen angeordnet ist. Ob Sie nun selbst oder vielleicht einer Ihrer Angestellten die Vertretung vor Gericht übernehmen, ist Ihnen selbst überlassen. In den meisten Fällen empfiehlt es sich allerdings nicht, ohne Anwalt einen Prozess zu führen. Oft erweist sich diese Vorgehensweise als an „falscher Stelle gespart".

49.3 Arbeitshilfen auf der CD-ROM

Die Tabelle auf der folgenden Seite verdeutlicht Ihnen, mit welchen Gebühren Sie im Arbeitsgerichtsverfahren rechnen müssen. Der Fall zeigt Ihnen mit diversen Streitwerten, zwei Instanzen, einem Anwalt, einem Zeugen, Beendigung durch Urteil, in welcher Höhe der Preis für ein Verfahren liegen kann. Die nachstehende Legende bietet Ihnen ergänzende Hinweise zum besseren Verständnis der Übersicht.

* Fallen Gebühren an, sind 10 Zustellungen pro Verfahren kostenfrei. Zustellung durch Justizbeamten beträgt 7,50 EUR

** In der zweiten Instanz muss die unterliegende Partei zusätzlich die Anwaltskosten der anderen Partei übernehmen.

*** Bei Beendigung des Verfahrens durch einen gerichtlichen Vergleich entfällt die in dem betreffenden Rechtszug angefallene Gebühr. Es entsteht aber eine zusätzliche Einigungsgebühr für den Anwalt in Höhe von 1,0 (Nr. 1003 VV RVG).

Streitwert	500 EUR	1.500 EUR	5.000 EUR
I. Instanz			
A. Gerichtskosten	EUR	EUR	EUR
• 2,0 Gerichtsgebühren ***	70,-	130,-	242,-
• 1 Zeuge 3 Std. à 17 Euro (Höchstsatz)	51,-	51,-	51,-
• Fahrtkosten (z.B. bei 20 km)	6,00	6,00	6,00
• Zustellungskosten mit Urkunde per Post (Beispiel)*	5,60	5,60	5,60
Summe	132,60	192,60	304,60
B. Anwaltskosten			
• 1,3 Verfahrensgebühr	58,50	136,50	391,30
• 1,2 Terminsgebühr	54,-	126,-	361,20
• Auslagenpauschale (20%, höchstens 20 Euro)	20,-	20,-	20,-
• Mehrwertsteuer (z.Zt. 16%)	21,20,-	45,20	123,60
Summe	153,70	327,70	896,10
C. Kosten der I. Instanz	**286,30**	**520,30**	**1.200,07**
II. Instanz			
A. Gerichtskosten			
• 3,2 Gerichtsgebühren ***	112,-	208,-	387,20
• 1 Zeuge 4 Std. à 17 Euro (Höchstsatz)	68,-	68,-	68,-
• Fahrtkosten (z.B. bei 20 km)	6,00	6,00	6,00
• Zustellungskosten mit Urkunde per Post (Beispiel)*	5,60	5,60	5,60
Summe	191,60	287,60	466,80
B. Anwaltskosten**			
• 1,6 Verfahrensgebühr	72,-	168,-	481,60
• 1,2 Terminsgebühr	54,-	126,-	361,20
• Auslagenpauschale (20%, max. 20 EUR)	20,-	20,-	20,-
• Abwesenheitsgeld (bis 4 Std.)	20,-	20,-	20,-
• Fahrtkosten (z.B. bei 20 km)	6,-	6,-	6,-
• Mehrwertsteuer (z.Zt. 16%)	27,52	54,40	142,21
Summe	199,52	394,40	1.031,01
C. Kosten der II. Instanz	**391,12**	**682,-**	**1.497,81**
Gesamtkosten für beide Instanzen	**677,42**	**1.202,30**	**2.697,84**

(Legende auf Seite 194)

50 Arbeitsgerichtsprozesse dauern immer lange

Das kommt auf die Art des Prozesses an. Grundsätzlich geht ein Arbeitsgerichtsprozess schnell über die Bühne – vor allem wenn es sich um Kündigungsschutzprozesse handelt. Denn je länger solch ein Verfahren dauert, desto höher ist das wirtschaftliche Risiko des Arbeitgebers im Falle der Niederlage und desto geringer sind die Chancen des Arbeitnehmers im Falle des Obsiegens, dass er den Arbeitsplatz tatsächlich wieder erhält.

Beispiel: Prozessdauer falsch eingeschätzt

Der Personalleiter erhält eine Kündigungsschutzklage auf den Tisch. Er befürchtet eine jahrelange Prozessdauer und würde sich gerne mit dem Mitarbeiter einigen.

In diesem Fall wird der Personalleiter sehr schnell eine Möglichkeit erhalten, sich mit dem ehemaligen Mitarbeiter zu einigen.

50.1 Vergleich im Gütetermin

Innerhalb einer Frist von zwei Wochen nach Klageerhebung wird das Arbeitsgericht eine Güteverhandlung ansetzen. In dieser Verhandlung versucht der Vorsitzende Richter, eine gütliche Einigung der Parteien herbeizuführen. Kommt keine gütliche Einigung zustande, wird der Termin zur Verhandlung des Rechtsstreits vor der Kammer (sie besteht aus dem Vorsitzenden als Berufsrichter und zwei Laienrichtern) des Arbeitsgerichts festgesetzt. In der Kammerverhandlung wird meist nochmals eine gütliche Einigung vom Vorsitzenden versucht. Der Personalleiter hat also nur kurze Zeit nach der Klageerhebung die Gelegenheit, sich in der Güteverhandlung zu einigen. Er muss also nicht mit einer jahrelangen Streiterei vor Gericht rechnen.

50.2 Meine Tipps

Tipp 1: Gut vorbereitet zum Gütetermin

Gehen Sie gut vorbereitet in die Güteverhandlung. Wenn in dieser Phase des Verfahrens eine Streitigkeit beigelegt werden kann, ist dies nur von Vorteil. In der Regel werden keine Gerichtskosten berechnet und Sie haben die Sache nach einer erfolgreichen Güteverhandlung ein für allemal erledigt.

Tipp 2: Welche Tipps der Richter geben darf

Sollten Sie sich entscheiden, einen Arbeitsgerichtsprozess ohne anwaltliche Unterstützung durchzuführen, bedenken Sie Folgendes: Immer wieder machen Arbeitsrichter die Erfahrung, dass die Parteien sich darauf verlassen, dass das Gericht ihnen schon mitteilen werde, was sie vorzutragen haben. Das ist nur bedingt richtig. Zwar kann der Vorsitzende Auflagen zum weiteren Sachvortrag erteilen, dazu hat er aber auch nur Anlass, soweit der Sachverhalt noch aufklärungsbedürftig ist. Hat der Prozessgegner bereits einen bestimmten Umstand gerügt, hat das Gericht keinen Anlass, hierauf nochmals hinzuweisen, sondern wird seine Entscheidung auf dieser Basis treffen. Um Ihnen das an einem Beispiel zu verdeutlichen: Ein Mitarbeiter verlangt vor Gericht Zahlungen von Ihnen. Er trägt vor, warum er Ansprüche auf diese Zahlungen hat. Das ist alles soweit richtig, nur sind die Zahlungsansprüche längst verjährt, was Sie übersehen haben. Mehr als die Aufforderung des Gerichtes, zu den Ansprüchen vorzutragen, können Sie in diesem Fall von dem Richter nicht erwarten. Er wird, kann und darf Sie nicht darauf aufmerksam machen, dass Sie die Einrede der Verjährung erheben können.

Stichwortverzeichnis